Benjamin Raabe, Severine Thomas

Rechte von Care Leaver*innen

Verfügbare Leistungen auf Betreuung, Begleitung und finanzielle Unterstützung im deutschen Sozialleistungssystem

IGFH
Internationale Gesellschaft für erzieherische Hilfen
Sektion Deutschland
der Fédération Internationale des Communautés Educatives FICE e.V.

Grundsatzfragen | Band 57

Dieser Band stellt einen Nachdruck der Broschüre der Fachstelle Leaving Care der Internationalen Gesellschaft für erzieherische Hilfen und der Stiftung Universität Hildesheim dar, die gefördert wurde durch die Stiftung Deutsche Jugendmarke und deren Druck durch das Bundesministerium für Familie, Senioren, Frauen und Jugend ermöglicht wurde.

Herausgeber*innen:
Internationale Gesellschaft für erzieherische Hilfen e.V. (IGfH),
Galvanistraße 30, 60486 Frankfurt am Main und
Institut für Sozial und Organisationspädagogik, Stiftung Universität Hildesheim,
Universitätsplatz 1, 31141 Hildesheim

Dieser Band trägt den Titel „Rechte von Care Leaver*innen. Verfügbare Leistungen auf Betreuung, Begleitung und finanzielle Unterstützung im deutschen Sozialleistungssystem“. Sie steht auch als elektronische Publikation im Internet kostenfrei zur Verfügung:
DOI: https://doi.org/10.18442/235

Autor*innen: Benjamin Raabe und Severine Thomas
Bildnachweis auf Seite 155–156

Satz, Layout und Umschlaggestaltung: Christine Edelmann

IGFH Internationale Gesellschaft für erzieherische Hilfen

Internationale Gesellschaft für erzieherische Hilfen (IGfH)
Galvanistraße 30, 60486 Frankfurt am Main
Tel.: 069 63 39 86-0 | Fax: 069 63 39 86-25
www.igfh.de | verlag@igfh.de

Satz: Walhalla Verlag, Regensburg
Herstellung und Vertrieb: Walhalla Verlag, Regensburg
ISBN: 978-3-947704-33-0

Inhaltsverzeichnis

Linksammlung zu einschlägigen Webseiten der verfügbaren Geldleistungen, hier finden Sie auch Hinweise auf etwaige Gesetzesänderungen.

Detailliertes Inhaltsverzeichnis

Einführung

Mit der Verabschiedung des Kinder- und Jugendstärkungsgesetzes im Jahr 2021 haben sich gesetzliche Regelungen für den Leaving-Care-Prozess prinzipiell verbessert. Ziel war es, mit der Reform des Kinder- und Jugendhilferechts Übergänge von jungen Menschen aus stationären Erziehungshilfen ins Erwachsenenleben besser auszugestalten und junge Menschen dafür mit eindeutigen Rechtsansprüchen auszustatten. Diese neuen Regelungen fokussieren im Wesentlichen folgende Anpassungen:

1. Verbindlicher Rechtsanspruch auf Hilfe für junge Volljährige (§ 41 Abs. 1 S. 1 SGB VIII)

Schon vor der Gesetzesänderung konnte mit dem 18. Geburtstag ein Antrag auf »Hilfe für junge Volljährige« gestellt werden. Diese Regelung wurde nun verbessert, d.h., der Rechtsanspruch wurde gestärkt. Das Jugendamt muss nun begründen, warum eine Hilfe nicht (mehr) erforderlich ist.

2. Kostenbeteiligung aus dem Vermögen aufgehoben (§ 92 Abs. 1a SGB VIII)

Es gibt keine Kostenheranziehung junger Volljähriger mehr aus ihrem Vermögen. Wer in einer Wohngruppe, im stationär betreuten Jugendwohnen oder in einer Pflegefamilie lebt, kann also nicht mehr durch das Jugendamt zu den Kosten der Unterbringung aus eigenen Ersparnissen oder anderem Vermögen herangezogen werden. Dadurch können Care Leaver*innen leichter Geld ansparen.

3. Abschaffung der Kostenheranziehung aus dem aktuellen Einkommen (§ 94 SGB VIII)

Das Jugendamt konnte für die Kosten der stationären Erziehungshilfe bis zu 25 Prozent des Einkommens des jungen Menschen fordern (bis Juni 2021 durften sogar 75 Prozent verlangt werden). Diese Heranziehung zu den Kosten der Unterkunft wurde zum 1. Januar 2023 abgeschafft. Dadurch können junge Menschen nun vollständig über ihr selbst erzieltes Einkommen verfügen. Ausnahmen in Bezug auf sog. zweckgleiche Leistungen werden in diesem Band näher erläutert.

4. Recht auf erneute Gewährung oder Fortsetzung der Hilfe – »Coming-Back« als verbindliche Option (§ 41 Abs. 1 S. 3 SGB VIII)
Durch das neue Gesetz besteht jetzt das Recht, auch nach Beendigung einer Hilfe in die Kinder- und Jugendhilfe zurückzukehren. Diese »Coming-Back-Option« gilt, egal wie lange ein junger Mensch die Kinder- und Jugendhilfe bereits verlassen hat. Auch nach dem 18. Geburtstag kann eine Hilfe erstmalig gewährt werden.

5. Verbindliche und rechtzeitige Übergangsplanung in Kooperation mit anderen Sozialleistungsträgern (§ 41 Abs. 3 SGB VIII in Verbindung mit § 36b SGB VIII)
Viele junge Menschen haben Anspruch auf öffentliche Geldleistungen – beispielsweise: BAföG oder Hilfe vom Jobcenter. Betreuer*innen und das Jugendamt sind nun noch stärker verpflichtet, mit Care Leaver*innen ihren Weg ins Erwachsenenleben zu planen. Auch die finanzielle Absicherung zählt dazu. Deshalb muss das Jugendamt bereits etwa ein Jahr vor dem voraussichtlichen Ende der Hilfe prüfen, ob danach andere Sozialleistungsträger für Care Leaver*innen zuständig werden. Das soll im Hilfeplangespräch geklärt werden.

6. Verbindliche Nachbetreuung von Care Leaver*innen (§ 41a SGB VIII neu)
Care Leaver*innen haben ein Recht darauf, nach der Hilfe noch bei ihrem Weg in ein eigenständiges Leben durch eine vertraute Ansprechperson unterstützt zu werden. Dieses Recht ist nun gesetzlich konkreter und sicherer geregelt. Die Nachbetreuung soll sich an dem Unterstützungs- und Beratungsbedarf des jungen Menschen orientieren, z. B. bei dem Abschluss von Miet- oder Arbeitsverträgen.

Die Umsetzung dieser neuen Regelungen ist aktuell Aufgabe der Kommunen bei einer gleichzeitig parallel verhandelten weiteren Reform des Kinder- und Jugendhilfegesetzes mit dem Anliegen, inklusive Unterstützungsangebote für alle junge Menschen bis 27 Jahre unter dem Dach des SGB VIII zur Verfügung zu stellen. Dennoch bleiben für Care Leaver*innen viele rechtliche Fragen – auch weil sie im Übergang Schnittstellen zu diversen anderen Rechtskreisen berühren. Die soziale und existenzielle Absicherung, Gewährleistung von Bildungsübergängen und eigenem Wohnraum sind einige Themen, die das Leaving Care begleiten und sich unter Anwendung unterschiedlicher Sozialgesetze vollziehen. Somit ist die Kenntnis rechtlicher Rahmenbedingungen wesentlich, insbesondere mit Blick auf folgende Fragen:

- Welche Sozialleistungen können Care Leaver*innen in Anspruch nehmen, wenn sie sich im Übergang aus Wohngruppen, Pflegefamilien oder anderen betreuten Wohnformen befinden und sich noch nicht aus eigenem Einkommen finanzieren können?
- Welche Unterstützungsangebote (Betreuung, Begleitung) stehen Care Leaver*innen innerhalb der Kinder- und Jugendhilfe sowie anderer Leistungssysteme zur Verfügung, um ihren Weg in ein eigenständiges Leben zu flankieren?

In diesem Band werden die Rechtsansprüche von Care Leaver*innen unter Nennung der einschlägigen gesetzlichen Normen zusammengetragen. Es ist ein Überblick für junge Menschen über Leistungen, die sie in Anspruch nehmen können, auch über die entsprechenden Stellen, bei denen sie beantragt werden können, sowie Hinweisen zur Einforderung von Rechten, wenn diese nicht umgesetzt werden. Es ist aber ebenso eine Arbeitshilfe für Fachkräfte in der Beratungsarbeit sowie der Begleitung von jungen Menschen im Übergang aus stationären Erziehungshilfen.

Trotz der bundeseinheitlichen Neuerungen im KJSG gibt es immer noch kommunale Unterschiede in der Gewährung von Hilfen und in der finanziellen Unterstützung. Diese gilt es weiter abzubauen, damit es nicht vom Zufall oder dem Wohnort abhängt, welche Unterstützungsleistungen erhalten und welche verwehrt werden.

Wir greifen daher für zukünftige Aktualisierungen dieser Sammlung besondere Regelungen (fragwürdige Einschränkungen, aber auch Beispiele guter Praxis im Sinne gelungener Verfahren im Leaving Care) in ihren kommunalen Arbeitskontexten auf, wenn Sie uns entsprechende Hinweise darüber geben. Auch die Gesetzgebung und Rechtsprechung ist stetig im Fluss. Somit nehmen wir Ihre Anregungen und Hinweise für das Onlinedokument dieser Handreichung (siehe www.fachstelle-leavingcare.de) gerne auf (Kontakt: severine.thomas@uni-hildesheim.de).

Berlin und Hildesheim im Dezember 2023
Benjamin Raabe und Severine Thomas

I. Rechtsansprüche auf Betreuungsleistungen

Betreuungsleistungen nach dem Kinder- und Jugendhilfegesetz (SGB VIII)

Das Sozialrecht räumt jungen Menschen ein Recht auf Unterstützung und Betreuung ein. Ist eine Betreuung oder Unterstützung durch Pädagog*innen oder durch andere Professionelle erforderlich, kann sie vom Staat finanziert werden. Dies haben Care Leaver*innen bereits kennengelernt. Alle bisher in Anspruch genommenen Leistungen der Kinder- und Jugendhilfe wurden genauso finanziert. Aber auch mit Vollendung des 18. Lebensjahres bestehen Ansprüche auf Leistungen im Rahmen der Kinder- und Jugendhilfe. Sie werden nur von anderen Voraussetzungen abhängig gemacht.

Im Folgenden wird dargestellt, welche Leistungen es nach dem Kinder- und Jugendhilferecht sowie dem Sozialhilferecht für *junge Menschen im Übergang aus stationären Erziehungshilfen* (Care Leaver*innen) gibt.

Das Kinder- und Jugendhilferecht stellt auch im Vergleich zu den übrigen sozialen Leistungssystemen einen einfacheren Zugang für Menschen ohne deutschen Pass bereit.

Jugendhilfe für junge Menschen ohne deutsche Staatsbürgerschaft

Junge Menschen ohne deutschen Pass sind den deutschen jungen Menschen gleichgestellt, sofern sie sich rechtmäßig hier aufhalten (also über einen Aufenthaltstitel verfügen) oder sich hier geduldet aufhalten (§ 6 Abs. 2, 4 SGB VIII). In diesen Fällen können sie die gleichen Leistungen beanspruchen wie ihre deutschen Gleichaltrigen. Liegen diese Voraussetzungen nicht vor, steht die Entscheidung, ob eine Jugendhilfeleistung erfolgt, im Ermessen des Jugendamtes. Daneben ist geregelt, dass sich aus über- und zwischenstaatlichem Recht Ansprüche des jungen Menschen ergeben können. Vergleichbare Regelungen, wie das Haager Kinderschutzübereinkommen (KSÜ) oder das UN-Übereinkommen über die Rechte der Kinder (UN-KRK), gibt es

für Volljährige nicht. In Betracht kommen nur das europäische Fürsorgeabkommen, bzw. das deutsch-schweizerische, bzw. das deutsch-österreichische Fürsorgeabkommen. Letztlich bleibt es daher faktisch bei der Regelung in § 6 Abs. 2 SGB VIII.
In jedem Fall ist ein gewöhnlicher Aufenthalt des jungen Menschen im Bundesgebiet erforderlich. Der gewöhnliche Aufenthalt ist in § 30 SGB I geregelt. Es wird im SGB I der Ort als gewöhnlicher Aufenthalt angenommen, wo sich der junge Mensch unter Umständen aufhält, die erwarten lassen, dass er in diesem Gebiet nicht nur vorübergehend verweilt. Zwei Faktoren bestimmen danach den gewöhnlichen Aufenthalt, eine gewisse Dauer und eine Prognose, dass das Verweilen fortgesetzt wird.

1. Hilfen zur Erziehung nach dem SGB VIII

Leistungen der Kinder- und Jugendhilfe sind im Allgemeinen umfangreicher und auf die Bedürfnisse von Kindern und Jugendlichen zugeschnitten. Sie gelten nach dem Kinder- und Jugendhilferecht für junge Menschen bis 27 Jahre, sind aber ab dem 21. Geburtstag nur noch begrenzt beanspruchbar. Wenn Jugendhilfe nicht mehr greift, dann gibt es mögliche nachgehende Hilfen, z. B. nach dem SGB XII.

Im Bereich der Kinder- und Jugendhilfe ist neben den allgemeinen Leistungen, die unter Kapitel 1 dargestellt werden, auch die Eingliederungshilfe für seelisch beeinträchtigte junge Menschen wichtig. Diese Leistungen werden ebenfalls vom Jugendamt erbracht. Da gerade das Hilfeplanverfahren eine Besonderheit der Kinder- und Jugendhilfe ist, wird dies sowie die Rechtsbeziehungen und das Verfahren im Anschluss an die Leistungen nach dem SGB VIII dargestellt. Darüber hinaus sieht das Kinder- und Jugendhilferecht weitere Leistungen vor, hier insbesondere auch die Jugendberufshilfe nach § 13 SGB VIII, die hier nur am Rande dargestellt werden soll und die Hilfen in Form von besonderen Wohnformen für Mütter/Väter mit Kind nach § 19 SGB VIII.

1.1 Kostenbeteiligung aus dem Vermögen aufgehoben (§ 92 Abs. 1a SGB VIII)

Es gibt im SGB VIII verschiedene in § 27 SGB VIII benannte Hilfen zur Erziehung. Sie werden erbracht, wenn eine dem Wohl des Kindes oder des Jugendlichen entsprechende Erziehung nicht gewährleistet ist und die Hilfe für die Entwicklung geeignet und notwendig ist. Die Hilfe steht den Eltern zu und findet sich in §§ 28 bis 35 SGB VIII. Verschiedene Hilfen können im Bedarfsfall kombiniert werden, gem. § 27 Abs. 2 Satz 2 SGB VIII. Individuell gestaltete Hilfen, die nicht in diesem Leistungskatalog aufgeführt sind, können ebenfalls gewährt werden. Der Katalog der in den §§ 28 ff. SGB VIII vorgesehenen Hilfen ist nicht abschließend (§ 27 Abs. 2 Satz 1 SGB VIII, hier die Formulierung „insbesondere“). Grundsätzlich werden Leistungen der Kinder- und Jugendhilfe erbracht, ohne dass es hier auf die finanzielle Leistungsfähigkeit des jungen Menschen oder seiner*ihrer Eltern ankommt. Allerdings werden die Eltern an den Kosten von stationären und teilstationären Leistungen sowie der Inobhutnahme beteiligt (vgl. Abschnitt II.3.c Kostenheranziehung).

a) Therapien, insbesondere Psychotherapien (§ 27 Abs. 3 SGB VIII)
In § 27 Abs. 3 SGB VIII heißt es: „Hilfe zur Erziehung umfasst insbesondere die Gewährung pädagogischer und damit verbundener therapeutischer Leistungen". Therapeutische Leistungen kommen im Rahmen von Hilfe zur Erziehung nicht als eigenständige Hilfeart in Betracht, sondern sind nur in Verbindung mit pädagogischen Leistungen zu gewähren. Es kommt ihnen eine flankierende Funktion zu. Sie sollen den pädagogischen Prozess unterstützen, fördern oder erst ermöglichen (Tammen/Trenczek 2022 in FK § 27 Rz. 24).

b) Erziehungsberatung (§ 28 SGB VIII)
Ziel der Erziehungsberatung ist die Unterstützung bei Klärung und Bewältigung individueller auch familienbezogener Probleme, Unterstützung bei Lösung von Entwicklungsfragen; gerade Letzteres ist für junge Volljährige relevant. Es handelt sich ausschließlich um ein Beratungsangebot. In diesem Fall kommt es bei der Inanspruchnahme zu keiner Kostenheranziehung (vgl. Abschnitt II.3.c Kostenheranziehung).

c) Soziale Gruppenarbeit (§ 29 SGB VIII)
Die Soziale Gruppenarbeit ist an ältere Kinder, an Jugendliche, aber auch an junge Erwachsene gerichtet, bei denen Entwicklungsstörungen und Verhaltensprobleme vorliegen. Es gilt hier die Probleme im Rahmen einer in der Regel von zwei Pädagog*innen geleiteten Gruppe zu überwinden. Die Hilfe dient der Entwicklung und Stärkung der sozialen Kompetenz. Diese Hilfeart wird auch gerne als Erziehungsmaßregel vom Jugendgericht im Rahmen einer Weisung nach § 10 JGG verhängt. Das Angebot wird ohne eine Kostenbeteiligung der Eltern gewährt.

d) Erziehungsbeistand/Betreuungshelfer (§ 30 SGB VIII)
Die Erziehungsbeistandschaft beinhaltet eine Unterstützung bei der Bewältigung von Entwicklungsproblemen, der Förderung der Verselbstständigung unter Einbeziehung des sozialen Umfeldes. Diesbezüglich soll der Familienbezug grundsätzlich aufrechterhalten bleiben. Hier geht es oft um Probleme im privaten Umfeld, bei Schule und Beruf u.a. Es erfolgt oft auch eine Unterstützung bei Behördengängen. Die wöchentlichen Betreuungszeiten liegen in der Regel unter acht Stunden. Die Betreuung findet in der eigenen Wohnung der Familie/des jungen Erwachsenen statt. Es handelt

sich um eine ambulante Hilfe. Diese wird auch bei jungen Volljährigen gewählt, die noch Unterstützung bei der Ausbildung, der Wohnung und sozialen Beziehungen benötigen. Es findet keine Heranziehung zu den Kosten der Betreuung statt.

e) Vollzeitpflege (§ 33 SGB VIII)

In dieser Hilfeform findet eine Unterbringung des Kindes oder des Jugendlichen außerhalb des Familienhaushalts, in der Regel in einer Pflegefamilie, statt und wird ggf. über die Volljährigkeit hinaus fortgesetzt. Die Pflegeeltern sind erziehungsberechtigt und haben eine weitgehende Einflussmöglichkeit auf die Entwicklung des jungen Menschen. Mit der Volljährigkeit ändert sich die Rolle der Pflegeeltern weg von Erziehungsaufgaben stärker zu einer Betreuung und Unterstützung. Die Pflegeeltern bekommen vom Jugendamt Pflegegeld, der gesamte Lebensbedarf des jungen Menschen, einschließlich der Kosten der Erziehung und eines Taschengeldes, wird so sichergestellt (§ 39 Abs. 4-6 SGB VIII). Das Jugendamt zahlt ggf. auch einmalige Hilfen (Ausstattung, Konfirmation, Schulfahrten etc.). Hier findet, je nach Einkommen der Eltern und des jungen Menschen selbst, eine Kostenbeteiligung statt.

f) Heimerziehung/sonstige betreute Wohnform (§ 34 SGB VIII)

Hier handelt es sich um ein vollstationäres Angebot. Die Kinder und Jugendlichen bzw. jungen Volljährigen wohnen dauerhaft außerhalb des Familienhaushalts. Der Umfang der Betreuung richtet sich jeweils nach dem Bedarf und beträgt i. d. R. 24 Stunden/7 Tage in der Woche, bei älteren Jugendlichen, z. B. im betreuten Wohnen, zeitlich reduziert. Es gibt eine ganze Palette verschiedenster Angebote (u. a. therapeutische Einrichtungen, WG für junge Menschen mit Essstörungen, für queere Jugendliche etc.). Die Betreuung kann in Wohngruppen, aber auch alleine (Betreutes Wohnen) erfolgen. In der Regel gehören zu der Hilfe die Beratung und Unterstützung bei der Berufsfindung und Ausbildung, im Umgang mit Finanzen u. a.

Wie bei der Vollzeitpflege werden die gesamten Kosten der Lebensführung durch die örtlichen Jugendämter übernommen. In Abgrenzung zu einer ambulanten Betreuung, insbesondere nach § 30 SGB VIII, wird es gerade bei jungen Volljährigen auf den Grad der Selbstständigkeit ankommen. Inwieweit benötigt der*die junge Erwachsene noch eine engere Betreuung und den Schutz der Trägerwohnung? Wie weit kann er*sie schon selbstständig den Haushalt führen und alleine leben? Es findet eine Kostenbeteiligung statt.

g) Intensive sozialpädagogische Einzelbetreuung (ISE) (§ 35 SGB VIII)
Die ISE ist stärker als andere Hilfen im SGB VIII auf die individuelle Lebenssituation des jungen Menschen abgestimmt. Sie bedarf eine hohe Präsenz der pädagogischen Fachkräfte, mitunter auch nachts. Die Betreuung ist deutlich intensiver als eine Erziehungsbeistandschaft. I. d. R. finden Hilfen nach § 35 SGB VIII außerhalb des Familienhaushalts statt. Sie kommen dann in Betracht, wenn übliche Angebote, z. B. der Erziehungshilfen, die Bedarfe junger Menschen nicht oder nicht mehr erfüllen können. Die ISE gilt dann als geeignet, wenn sich junge Menschen in besonders schwierigen Lebenssituationen (z. B. Obdachlosigkeit) befinden oder aufgrund von gravierenden Lebenserfahrungen (z. B. Gewalt in der Familie, Sucht, Prostitution) nur über auf sie zugeschnittene pädagogische Beziehungsangebote erreicht werden können. Bei dieser Hilfeform erfolgt eine Kostenheranziehung.

h) (Straf-)justiznahe Hilfen
Zahlreiche Hilfen zur Erziehung können auch von der Justiz, und zwar vom Jugendgericht, gegen Jugendliche und Heranwachsende „verhängt" werden, z. B. als Betreuungsweisung. Da die Jugendverwaltung die von der Justiz angeordneten Rechtsfolgen zu finanzieren hat, entscheidet das Jugendamt auf Grundlage des § 27 SGB VIII über die Gewährung der Hilfe. Dies ist in § 36a Abs. 1 SGB VIII ausdrücklich festgelegt.

1.2 Hilfe für junge Volljährige
Ob die Betreuung in einer Wohngemeinschaft oder alleine im betreuten Einzelwohnen erfolgt oder ob ein*e Sozialarbeiter*in zur Unterstützung bei Behördengängen oder Ähnlichem benötigt wird – das Jugendamt gewährt diese Leistungen und übernimmt auch erst einmal die Kosten, sofern der junge Mensch sogenannte Hilfen für junge Volljährige beanspruchen kann. Diese Hilfen werden entweder mit Volljährigkeit fortgesetzt, wenn die Jugendlichen sich bereits in der Kinder- und Jugendhilfe befinden. Die Hilfe kann aber unter den vorgenannten Voraussetzungen auch erstmalig installiert werden. Es ist ebenso möglich, Hilfe für junge Volljährige zu erhalten, wenn bereits in der Vergangenheit Hilfen vom Jugendamt gewährt wurden, § 41 Abs. 1 Satz 3. Die Voraussetzungen sind in § 41 SGB VIII geregelt.

Leistungen nach dem Kinder- und Jugendhilfegesetz enden daher nicht mit der Volljährigkeit.

Grundsätzlich gilt das Kinder- und Jugendhilferecht bis zur Vollendung des 27. Lebensjahres (§ 7 Abs. 1 Nr. 3 und 4 SGB VIII). Das Konstrukt der Hilfe für junge Volljährige war eine Regelung des Gesetzgebers im Zusammenhang mit der Herabsetzung des Volljährigkeitsalters im Jahre 1974 von 21 auf 18 Jahre. Dies geschah noch unter Geltung des Jugendwohlfahrtsgesetzes. Es wurde damals angenommen, dass über den 18. Geburtstag hinausgehende Hilfen weiterhin erforderlich sein würden und sich dies auch in der Gesetzgebung abbilden muss. Die Stärkung der Hilfe für junge Volljährige war einer der Schwerpunkte der Kinder- und Jugendhilferechtsreform im Jahr 1990 (BT Drs. 11/5948, S. 43, 44, 78).

§ 41 SGB VIII, Hilfe für junge Volljährige, Nachbetreuung

(1) Junge Volljährige erhalten geeignete und notwendige Hilfe nach diesem Abschnitt, wenn und solange ihre Persönlichkeitsentwicklung eine selbstbestimmte, eigenverantwortliche und selbstständige Lebensführung nicht gewährleistet. Die Hilfe wird in der Regel nur bis zur Vollendung des 21. Lebensjahres gewährt; in begründeten Einzelfällen soll sie für einen begrenzten Zeitraum darüber hinaus fortgesetzt werden. Eine Beendigung der Hilfe schließt die erneute Gewährung oder Fortsetzung einer Hilfe nach Maßgabe der Sätze 1 und 2 im § 41 SGB VIII nicht aus.

(2) Für die Ausgestaltung der Hilfe gelten § 27 Absatz 3 und 4 SGB VIII sowie die §§ 28–30, 33–36, 39 und 40 SGB VIII entsprechend mit der Maßgabe, dass an die Stelle des Personensorgeberechtigten oder des Kindes oder des Jugendlichen der junge Volljährige tritt.

(3) Soll eine Hilfe nach dieser Vorschrift nicht fortgesetzt oder beendet werden, prüft der Träger der öffentlichen Jugendhilfe ab einem Jahr vor dem im Hilfeplan vorgesehenen Zeitpunkt, ob im Hinblick auf den Bedarf des jungen Menschen ein Zuständigkeitsübergang auf andere Sozialleistungsträger in Betracht kommt; § 36b SGB VIII gilt entsprechend.

Rechtssystematisch knüpft die Konstruktion der Hilfe für junge Volljährige an das Leistungssystem der § 27 SGB VIII, also der Hilfen zur Erziehung und der Eingliederungshilfe nach § 35a SGB VIII, an. Junge Volljährige erhalten geeignete und notwendige Hilfen, wenn und solange ihre Persönlichkeitsentwicklung eine selbstbestimmte, eigenverantwortliche und selbstständige Lebensführung nicht gewährleistet (§ 41 Abs. 1 Satz 1 SGB VIII). Bezüglich Hilfeformen, Verfahren und dem notwendigen Lebensunterhalt wird auf die Regelungen für Kinder und Jugendliche verwiesen. Wenn die Voraussetzungen des Anspruchs vorliegen, muss das Jugendamt leisten.

Die finanzielle Leistungsfähigkeit der Anspruchsberechtigten spielt bei der Gewährung der Hilfe – im Unterschied zu anderen Sozialgesetzbüchern – keine Rolle. Vor Beginn der Leistung wird das Einkommen also nicht geprüft. Dennoch sind stationäre Leistungen nicht kostenfrei. Der sozialrechtliche Nachrang wird über die Kostenbeteiligung wiederhergestellt, die nach Bewilligung der Hilfe und i. d. R. ihrem Beginn vom Jugendamt betrieben wird (§§ 90 ff. SGB VIII). Bei ambulanten Hilfen findet in der Regel keine Kostenbeteiligung statt. Gerade aufgrund der Volljährigkeit ergeben sich jedoch eine Reihe von Abgrenzungsfragen zu anderen Regelungssystemen, insbesondere zum SGB II, III und XII, die in diesem Band in Kapitel II „Geldleistungen, Sozialleistungen, Unterstützung und Unterhalt" ausführlicher beschrieben werden.

Kinder- und Jugendhilfe und Alter

Wie bereits beschrieben, gilt das SGB VIII bis zur Vollendung des 27. Geburtstages. Jedoch werden die meisten Hilfen für Minderjährige und ihre Familien geleistet. Hilfen für junge Volljährige machen einen Anteil von unter zehn Prozent der gesamten Jugendhilfeleistungen aus. Im Bereich der „erzieherischen Hilfen" im Sinne der §§ 27 Abs. 3 bis 35 SGB VIII und im Bereich der Eingliederungshilfe nach § 35a SGB VIII spielen unterschiedliche Altersstufen für die Hilfegewährung eine große Rolle.

- Junge Menschen unter 18 Jahren und ihre Familien: Ist-Leistung-Erziehungshilfen gem. § 27 SGB VIII werden Eltern für Minderjährige geleistet, wenn die Voraussetzungen der Norm vorliegen.
- Junge Erwachsene zwischen 18 und 21 Jahren: Ist-Leistung-Jungen Volljährigen muss bei Vorliegen der Voraussetzungen nach § 41 SGB VIII Hilfe geleistet werden. Die Hilfe endet i. d. R. mit dem 21. Geburtstag.

- Junge Erwachsene über 21 Jahre: Ermessen
  Nur in begründeten Einzelfällen soll die Hilfe über den 21. Geburtstag hinaus verlängert werden, höchstens jedoch bis zum 27. Geburtstag.

Anhand der Kinder- und Jugendhilfestatistik ist ein bisher bleibender Trend zu erkennen, dass die überwiegende Zahl der stationären Hilfen zur Erziehung zwischen dem 18. und 19. Geburtstag beendet wird (Statistisches Bundesamt 2022). Dies entspricht allerdings so nicht der Intention des Gesetzgebers! Im Rahmen der Gesetzesnovelle durch das KJSG wurden die Rechte junger Volljähriger erheblich gestärkt. Hatte vormals das Jugendamt nur in der Regel zu leisten, besteht seit dem 10.06.2021 bei Vorliegen der Voraussetzungen ein Anspruch.

a) Voraussetzungen für Hilfe für junge Volljährige gemäß § 41 SGB VIII

Die Hilfe nach § 41 SGB VIII wird gewährt, solange eine selbstbestimmte, eigenverantwortliche und selbstständige Lebensführung aufgrund der Persönlichkeitsentwicklung (noch) nicht gewährleistet ist. Sind die jungen Menschen noch nicht so selbstständig, dass sie selbstbestimmt und eigenverantwortlich ihr Leben meistern können, haben sie Anspruch auf Hilfen, sofern dies seinen Grund im Entwicklungsstand der jungen Menschen hat, also ihre Persönlichkeitsentwicklung als noch nicht abgeschlossen eingeschätzt wird.

In der Praxis wird die Hilfe nach § 41 SGB VIII vor allem (aber nicht nur) bei jungen Volljährigen mit folgenden Lebens- und Bedarfskonstellationen geleistet (Wiesner/Wapler 2022, § 41 Rz. 11 ff.):

- als Anschlusshilfe für junge Volljährige, die bereits in der Kinder- und Jugendhilfe sind
- für Aussteiger*innen aus „problematischen“ Milieus
- in problembelasteten Lebenslagen
- bei nicht aufgearbeiteten Konflikten aus der Kindheit und Jugend
- im Fall einer abgebrochenen Ausbildung und einer damit verbundenen Gefährdung bei der Eingliederung in die Arbeitswelt
- beim Vorliegen von Teilhabebarrieren in der Lebensgestaltung (fehlende Wohnung, kein Zugang zu den Sozialleistungssystemen u. a.)
- für junge Erwachsene, die aus einer Strafhaft entlassen werden
- für Suchtgefährdete

Junge Menschen mit Fluchterfahrung, die durch die Kinder- und Jugendhilfe betreut wurden, können ebenfalls Hilfen für junge Volljährige erhalten. Bei ihnen liegen häufig komplexe Problemlagen vor. Ihre Biografie ist von vielfältigen Brüchen, nicht selten Gewalterfahrung und Verfolgung gekennzeichnet. Als unbegleitete Geflüchtete verfügen sie über keine oder keine hinreichenden familiären Unterstützungssysteme. Da ihnen auch der Anschluss an das Bildungssystem in der Regel fehlt und sie die Lebensbedingungen und sozialen Erwartungen in Deutschland i. d. R. nicht kennen, fehlt ihnen weitgehend die Möglichkeit, ihr Leben eigenständig zu gestalten. Bei der Bewertung des Entwicklungsstandes sind nicht die Kriterien des Heimatlandes, sondern die des aufnehmenden Landes anzulegen. ... sondern die des aufnehmenden Landes anzulegen. So kann gerade bei jungen Geflüchteten aufgrund ihrer fehlenden Sozialisationserfahrungen in Deutschland angenommen werden, dass sie auch als junge Erwachsene einen Bedarf zur Förderung ihrer Persönlichkeitsentwicklung haben. Dabei handelt es sich Tammem zufolge nicht nur um „individuelle Beeinträchtigungen, sondern auch .. [um] soziale Benachteiligungen. Bezogen auf die Altersgruppe der jungen Menschen liegen solche Benachteiligungen vor, wenn die altersgemäß übliche individuelle Entwicklung oder gesellschaftliche Integration unzureichend bzw. unterdurchschnittlich gelungen ist" (Tammen 2022, Rz. 5).

◆ **Selbstbestimmte, eigenverantwortliche und selbstständige Lebensführung ist nicht gewährleistet**

Die zentrale Anspruchsvoraussetzung für eine Hilfe an Volljährige ist die Feststellung, dass der junge Mensch sein Leben noch nicht selbstbestimmt, eigenverantwortlich und selbstständig führen kann. Dieses Ziel, das am Ende der Persönlichkeitsentwicklung stehen sollte, ist hier noch nicht erreicht. Für das Vorliegen einer autonomen Lebensführung können sein:

- Fähigkeit, eigenständig zu wohnen
- Umgang mit Geld
- Schule, Ausbildung, Beruf und Beschäftigung
- soziale Kompetenz

(a) Wohnfähigkeit setzt nicht nur voraus, dass der junge Mensch putzen, kochen, waschen und einkaufen kann. Vielmehr muss er*sie auch in der Lage sein, sich in der Hausgemeinschaft integrieren zu können, Konflikte mit Nachbar*innen aushalten und lösen zu können. Er*Sie muss auch in der Lage sein, die Wohnung zu halten, sich also um Mietzahlungen, Betriebskosten und Mängelanzeigen kümmern zu können. Dies setzt zumindest ein rudimentäres Sprachverständnis voraus.

(b) Umgang mit Geld beinhaltet, dass sich der junge Mensch das Geld selbst einteilen kann. Er*Sie sollte über ein eigenes Konto verfügen und in der Lage sein, entsprechende Transaktionen vorzunehmen. Ein angemessener Umgang mit einem Dispositionskredit sollte beherrscht werden und die Gefahr von Onlinegeschäften bekannt sein.

(c) Im Bereich „Schule, Ausbildung, Beruf und Beschäftigung" muss zumindest eine klare Zukunftsperspektive vorhanden sein. Der junge Mensch muss in etwa wissen, welchen Beruf er*sie ergreifen möchte oder könnte. Hier sind natürlich auch Sprachkenntnisse unerlässlich, da dies oft der Zugang zu einer entsprechenden Ausbildung darstellt.

(d) ‚Soziale Kompetenz' ist ein weiteres Kriterium der Verselbstständigung.[1] Dazu gehört ein selbstständiger Umgang mit Behörden. Hierzu gehört es aber auch, dass eigenständige Beziehungen aufgebaut und unterhalten werden können. Weiterhin gehört hierzu auch der verantwortungsbewusste Umgang mit Medikamenten und Alltagsdrogen sowie die Einhaltung von (sozialen) Regeln.

◆ **Persönlichkeitsentwicklung**

Das Fehlen der Voraussetzungen für eine selbstbestimmte, eigenverantwortliche und selbstständige Lebensführung muss seinen Grund in der noch nicht abgeschlossenen Persönlichkeitsentwicklung haben. Als Gradmesser werden die Bereiche Autonomie, Kreativität, Produktivität, Sexualität und Soziabilität benannt. Insbesondere für junge geflüchtete Menschen müssen zumindest die Kenntnisse der kulturellen Lebenswirklichkeit hinzukommen. Kriterium muss hier immer sein, ob eine Persönlichkeitsentwicklung noch zu erwarten ist oder nicht. Ist die Entwicklung des jungen

---

1 Im wissenschaftlichen Diskurs wird der Begriff kritisch diskutiert, da er die Entwicklungsaufgaben von jungen Menschen in dieser Lebensphase nur unzureichend erfasst. Zudem unterliegt der Formulierung die Konnotation eines durch Fachkräfte geleisteten Prozesses, den junge Menschen eher passiv erfahren als aktiv mitgestalten (vgl. Sievers/Thomas/Zeller 2015: 33 ff.).

Menschen zu einer eigenverantwortlichen Person im Wesentlichen abgeschlossen, entfallen die Voraussetzungen des § 41 Abs. 1 SGB VIII.

◆ Eignung und Notwendigkeit der Hilfe

Die Hilfen nach § 41 SGB VIII dienen der Verselbstständigung. Nach der Regelung in § 41 Abs. 1 SGB VIII haben die jungen Menschen einen Anspruch auf die Hilfen, die geeignet und notwendig sind, den vorgeschriebenen entwicklungsbedingten Bedarf für eine autonome Lebensführung zu überwinden. Die konkrete Unterstützung wird durch die in den §§ 27 bis 35 SGB VIII genannten Hilfeformen sichergestellt. Hierauf verweist § 41 Abs. 2 SGB VIII. Die Entscheidung wird im Rahmen des Hilfeverfahrens unter Beteiligung der Fachkräfte und des jungen Menschen selbst getroffen. Vorrang haben Hilfen, die die Verselbstständigung des jungen Menschen unterstützen. Das schließt eine Fortführung oder erstmalige Bewilligung einer stationären Hilfe selbstverständlich nicht aus. Entscheidend ist, ob die geleistete Hilfe für die Fortführung des Verselbstständigungsprozesses die geeignete und notwendige Unterstützungsleistung darstellt (Tammen 2022 in FK SGB VIII, § 41 Rz. 14). Auf diese Leistung haben die jungen Menschen einen Anspruch.

b) Rechtsfolge und Rechtsdurchsetzung

Bei der Entscheidung, ob eine Maßnahme nach den §§ 41, 27 ff. SGB VIII gewährt werden soll, kommt dem Jugendamt als sozialpädagogische **Fachbehörde** eine entscheidende Bedeutung zu. Diese führt das Verfahren zur Feststellung des Bedarfs. Die Feststellungen zum Bedarf der Hilfe nach § 41 SGB VIII kann gerichtlich überprüft werden. Um die Entscheidung des Jugendamtes im Streitfall vor Gericht zu entkräften, sollten bei Bedarf neben einer **fachlichen Stellungnahme** des*der betreuenden Pädagog*in ein psychologisches oder gar psychiatrisches Gutachten beigebracht werden, das den Jugendhilfebedarf belegen kann. Dies gilt für die juristische Auseinandersetzung mit dem Jugendamt. Davon zu unterscheiden sind die beizubringenden oder einzuholenden Gutachten über die seelische Gesundheitsbeeinträchtigung, die für Hilfen nach § 35a SGB VIII erforderlich sind (vgl. auch Abschnitt 1.3 Eingliederungshilfe nach § 35a SGB VIII).

Die **gerichtliche Kontrolle** ist im Ergebnis beschränkt. Im Rahmen der Kontrolle des Verwaltungshandelns vollzieht das Verwaltungsgericht die Entscheidung des Jugendamts nach. Bei den Merkmalen „selbstbestimmte, eigenverantwortliche und selbstständige Lebensführung“ und „Persönlichkeitsentwicklung“ handelt es sich allerdings um **unbestimmte Rechtsbegriffe**, die das Verwaltungsgericht nachprüfen kann (Wiesner/Wapler 2022, § 27 Rz. 61 u.a. h. M.). Gegebenenfalls muss es sich über ein Sachverständigengutachten kundig machen.

Welche Hilfeformen gewährt werden, richtet sich dann nach den Umständen des Einzelfalles. Über § 41 Abs. 2 SGB VIII wird auf die Erziehungshilfen in § 27 Abs. 3 ff. SGB VIII verwiesen, wobei zu berücksichtigen ist, dass die Aufzählung in den §§ 27–35 SGB VIII im Gegensatz zu den Hilfen zur Erziehung abschließend ist[2]. Nicht verwiesen wird auf die Sozialpädagogische Familienhilfe (§ 31 SGB VIII) und auf die Tagespflege (§ 32 SGB VIII). Diese Hilfen sind für Volljährige nicht mehr vorgesehen und im Übrigen auch ungeeignet. Im Mittelpunkt der Hilfe steht die Entwicklung von Handlungskompetenz und von Strategien zur Bewältigung einer autonomen Lebensführung.

Die Hilfen umfassen nach § 27 Abs. 3 SGB VIII insbesondere **pädagogische** und damit verbundene **therapeutische** Leistungen. Der Schwerpunkt liegt in der sozialpädagogischen Hilfestellung. Die Nennung der therapeutischen Hilfestellung in § 27 Abs. 3 SGB VIII führt dazu, dass sich hieraus ein eigenständiger Anspruch auf therapeutische Unterstützung ergibt. Bei Bedarf gehören auch Ausbildungs- und Beschäftigungsverhältnisse im Sinne des § 13 SGB VIII zu den Hilfen nach § 27 SGB VIII. Bei den Hilfen nach den §§ 32–35 SGB VIII wird als **Annex** auch noch die Hilfe zum Lebensunterhalt gewährt, sofern die Hilfe außerhalb des Familienhaushalts erfolgt. Im Falle der §§ 33-35 SGB VIII betrifft dies darüber hinaus auch die Krankenhilfe.

Die Auswahl der Hilfen hat sich im Einzelfall an pädagogischen Gesichtspunkten, insbesondere am individuellen Bedarf zu orientieren. Die pädagogische Intensität der einzelnen Maßnahmen hat auch das Lebensumfeld des jungen Menschen zu berücksichtigen. Die ambulanten Maßnahmen gehen den stationären grundsätzlich vor. Art und Umfang wird im Rahmen des Hilfeplanungsverfahrens (siehe Abschnitt I.2 Mitwirkung und Hilfeplanungsverfahren) festgesetzt. Die nähere Ausgestaltung ergibt sich zunächst aus dem Gesetz, dann aber vor allem aus den konkreten Leistungsbeschreibungen, die zwischen den (freien) Trägern und dem Jugendamt geschlossen worden

---

2 Ein Verweis auf § 27 Abs. 2 fehlt, eine entsprechende Anregung des Bundesrates blieb erfolglos, siehe Tammen 2022 in FK SGB VIII, § 41 Rz. 11.

sind, in der Regel aufgrund von Rahmenverträgen, die die Spitzenverbände mit den Jugendämtern abschließen. Es ist möglich, mehrere Leistungen in Anspruch zu nehmen, sofern dies notwendig ist, um den Bedarf zu decken.

Erfolgsprognose

Als Hürden für die Inanspruchnahme der Hilfe für junge Volljährige haben sich immer wieder der Einwand mangelnder Erfolgsaussicht sowie der Einwand der fehlenden Mitwirkungsbereitschaft seitens der jungen Menschen erwiesen. Dies ist in der Praxis oft streitig. Eine Hilfe macht natürlich nur dann Sinn, wenn erwartet werden kann, dass sie erfolgreich verläuft. Allerdings ist hier Vorsicht geboten. Die Erfolgsschwelle darf nicht unrealistisch hoch angesetzt werden. Selbstverständlich geht es auch gerade darum, jungen Menschen zu helfen, deren Prognose schlecht ist. Es ist gerade Inhalt der Hilfe, diese Schwierigkeiten zu überwinden. Das Bundesverwaltungsgericht (BVerwG 5 C 26.98) hat hierzu entschieden, dass es für die Hilfegewährung ausreicht, wenn die Hilfe eine erkennbare Verbesserung der Persönlichkeitsentwicklung und Fähigkeit zur eigenverantwortlichen Lebensführung erwarten lässt. Es ist nicht notwendig, dass die Ziele bis zur Vollendung des 21. Lebensjahres erreicht werden können.

Mitwirkungsbereitschaft

Ähnlich verhält es sich mit der Mitwirkungsbereitschaft. Gerne wird die Hilfe eingestellt, wenn der junge Mensch nicht kooperiert. Wenn der junge Mensch die Zusammenarbeit ablehnt, macht eine Fortführung tatsächlich keinen Sinn. Allerdings ist dies genau zu prüfen. Die Lebenssituation vieler älterer Jugendlicher oder junger Volljähriger und die daraus resultierende Hilfebedürftigkeit ist gerade dadurch gekennzeichnet, dass sie nur über ein begrenztes Durchhaltevermögen verfügen und immer dazu neigen, Unterstützungshandlungen oder Hilfeprozesse abzulehnen. Deshalb sind keine hohen Anforderungen an die Mitwirkungsbereitschaft zu stellen. Andernfalls könnte dies in der Praxis als Vorwand dienen, „schwierige" und phasenweise auch „desinteressierte" junge Menschen vorzeitig aus der Hilfe zu entlassen (Wiesner/Wapler 2022, § 41 Rz. 24). Auch kann es sein, dass den jungen Menschen keine für sie passenden Hilfen angeboten werden und deshalb die Mitwirkung scheitert. Stets ist eine Entscheidung im

Einzelfall zu treffen. Zu betonen ist an dieser Stelle, dass es im Bereich der erzieherischen Hilfen keine gesetzlich normierte Mitwirkungspflicht gibt. Kooperiert der junge Mensch nicht, stellt sich allenfalls die Frage, ob die gewählte Hilfe die geeignete ist.

c) Ende der Kinder- und Jugendhilfeleistung und Übergangsplanung

Die Leistung der Kinder- und Jugendhilfe endet erst, wenn der Bedarf erfüllt ist oder die Hilfe – bei Minderjährigen von den Eltern oder von den jungen Erwachsenen – nicht mehr gewünscht wird. Das ist insbesondere dann anzunehmen, wenn die vereinbarten Hilfeziele erreicht sind. Solange aber die obigen Voraussetzungen noch vorliegen, muss das Jugendamt die Hilfe verlängern. Also erst, wenn in den Lebensbereichen Arbeit, Wohnen, Geld und soziales Umfeld eine ausreichende Stabilität erreicht ist, kann das Jugendamt die Hilfe beenden. Die Leistung der Kinder- und Jugendhilfe wird im besten Falle im gegenseitigen Einvernehmen beendet. Alle jungen Menschen haben einen Anspruch auf Nachbetreuung i. S. des § 41a SGB VIII, wenn keine sonstige Unterstützung mehr benötigt wird.

In der Vergangenheit gerieten junge Menschen mit dem Ende der (stationären) Erziehungshilfe oft in eine Lebenssituation ohne ausreichende Begleitung. Dadurch waren die Erfolge der Hilfe gefährdet. Deshalb sieht jetzt § 41 Abs. 3 SGB VIII vor, dass das Jugendamt rechtzeitig vor dem voraussichtlichen Ende der Hilfe mit der Übergangsplanung zu beginnen hat. Das Jugendamt hat im Rahmen des Hilfeplans Vereinbarungen zur Durchführung des Zuständigkeitsübergangs zu treffen. Ist eine Überleitung in die Eingliederungshilfe geplant, hat das Jugendamt selbst die Teilhabeplanung durchzuführen, § 36 b Abs. 2 Satz 1 SGB VIII.

Für die Übergangsplanung ergibt sich ein dreistufiges Verfahren: Zunächst prüft das Jugendamt spätestens ein Jahr vor Ende der voraussichtlichen Hilfe, ob in Bezug auf die konkrete Bedarfslage eine zukünftige Zuständigkeit bei anderen Sozialleistungsträgern in Betracht kommt. Im nächsten Schritt nimmt das Jugendamt Kontakt mit dem anderen Träger auf und trifft im dritten Schritt eine entsprechende Vereinbarung (Tammen 2022 in FK SGB VIII, § 41 Rz. 22). Als Anschlusshilfe kommen andere Leistungen zur Sicherung des Lebensunterhalts (BAföG, BAB, Harz IV u.a.), psychosoziale Leistungen (Krankenkassen und Eingliederungshilfe), aber auch

Leistungen zur Erlangung oder Sicherung des Wohnraums (Wohnberechtigungsschein und Mietschuldenübernahme) in Betracht. Im Rahmen dieser Planung soll der nahtlose Übergang ohne Unterbrechung sichergestellt werden.

d) Nachbetreuung

Am Ende der Hilfe wird den jungen Menschen im Übergang aus der Erziehungshilfe noch Nachsorge (§ 41a, Beratung und Unterstützung) gewährt. Hierdurch soll die zuvor geleistete Hilfe abgesichert werden. Ziel ist es, dadurch den jungen Menschen weiter in seiner*ihrer Selbstständigkeit zu unterstützen und ihm*ihr einen Start ins eigenverantwortliche Leben zu ermöglichen. Mit der Verabschiedung des KJSG ist dieses Instrument, das es vorher im Rahmen des § 41 Abs. 2 a.F. gab, gestärkt worden. Über alltagspraktische Fragen hinaus geht es auch um die Vermittlung von Rückhalt und Beratung bei Bedarf. Hier geht es oft um Aufgaben, die ansonsten Eltern für ihre ausgezogenen Kinder in der Übergangszeit und darüber hinaus übernehmen (im Einzelnen Wiesner/Wapler 2022 § 41 Rz. 11 ff.). Die Hilfe sollte möglichst durch die Betreuungspersonen erfolgen, die vorher mit den jungen Menschen gearbeitet haben. Die Nachbetreuung ist im Hilfeplan festzuschreiben. Für die Nachbetreuung nach § 41a SGB VIII ist allerdings auch ein entsprechender Bedarf erforderlich, es ist ausreichend, dass der Erfolg bei fehlender Nachbetreuung gefährdet wäre (Tammen 2022 in FK SGB VIII § 41a Rz. 5). Darüber hinaus ist das Jugendamt verpflichtet, in regelmäßigen Abständen Kontakt zu dem jungen Menschen aufzunehmen. Eine zeitliche Grenze ist nicht festgelegt. Zu den Hilfen im Rahmen des § 41 SGB VIII gehört auch die Eingliederungshilfe für seelisch behinderte junge Menschen.

1.3 Eingliederungshilfe nach § 35a SGB VIII

Menschen, die eine dauerhafte Einschränkung haben, behindert oder von einer solchen Behinderung bedroht sind und dadurch ihre Teilhabe an der Gesellschaft beeinträchtigt ist, können Hilfen zur Eingliederung verlangen. Dies ist auch für junge Menschen möglich. Der Gesetzgeber hat im § 35a SGB VIII allerdings dem Jugendamt nur die Personen zugewiesen, die eine sogenannte seelische Behinderung aufweisen. Junge Menschen mit einer körperlichen und/oder geistigen Behinderung müssen sich – wie die Erwachsenen auch – an die Eingliederungshilfe wenden, in der Regel an das Sozialamt. Geregelt sind diese Hilfen in den §§ 99 ff. SGB IX, ergänzt durch § 35a SGB VIII. Konzipiert sind sie für Kinder und Jugendliche, sie gelten auch für junge Volljährige. Zusätzlich müssen junge Erwachsene hier aber auch die Voraussetzungen des § 41 SGB VIII erfüllen, um Eingliederungshilfe aufgrund einer seelischen Behinderung in Anspruch nehmen zu können. Bedeutung hat die Vorschrift auch z. B. für traumatisierte junge Menschen. Zu beachten ist stets, dass genau herausgearbeitet werden muss, dass die behinderungsbedingte Problemlage auch eine wesentliche Ursache in der Entwicklungsverzögerung hat. Ist die Entwicklung weitgehend abgeschlossen, kann es keine Hilfe mehr nach § 35a SGB VIII geben. Dann richtet sich die Hilfe zumindest für den Bereich der Bildung und der sozialen Teilhabe nach den §§ 99 ff. SGB IX. Wichtig ist auch, dass im Falle einer Mehrfachbehinderung, wenn neben einer seelischen Behinderung auch eine körperliche oder geistige Behinderung vorliegt, die Leistungen nach den §§ 99 ff. SGB IX vorrangig sind, § 10 Abs. 4 Satz 2. Da es sich bei den Hilfen nach § 35a (i. V. m. § 41 SGB VIII) um eine Jugendhilfeleistung handelt, gelten die Ausführungen für junge Menschen ohne einen deutschen Pass entsprechend.

Die Abgrenzungsprobleme zwischen den verschiedenen Arten der Behinderung sollten endlich sein. Ab dem 01.01.2028 soll die sogenannte „Große Lösung“ gelten. Dann soll das Jugendamt für alle Arten der Behinderung junger Menschen unter 27 Jahren zuständig sein, also auch junge Menschen mit geistigen und körperlichen Beeinträchtigungen. Dies wird bis dahin in drei Stufen vorbereitet. Im Rahmen des KJSG wurde unter anderem mit der Beteiligung des Jugendamtes im Gesamtplanverfahren nach § 117 SGB IX (§ 10a Abs. 3), sofern es Hilfen nach §§ 99 ff. SGB IX für geistig und körperlich behinderte minderjährige Menschen betrifft, ein erster Schritt gemacht.

Die Eingliederungshilfe gehört systematisch zum Rehabilitationsrecht. Im Bereich der Eingliederungshilfe handelt das Jugendamt als Rehabilitationsträger gem. § 6 Abs. 1 Nr. 6 SGB IX. Das Rehabilitationsrecht ist durch das Bundesteilhabegesetz umfassend reformiert worden. Die Reformen treten stufenweise bis 2028 in Kraft. Gerade das Verfahren für die Eingliederungshilfe ist an vielen Punkten abweichend zum allgemeinen Jugendhilfeverfahren geregelt. Darauf wird im Rahmen der Darstellung zum Hilfeplanverfahren und zum allgemeinen Verfahren besonders eingegangen.

a) Voraussetzungen des § 35a SGB VIII: Allgemeine Grundsätze

Zunächst gilt es, die Voraussetzungen des § 35a SGB VIII näher zu betrachten. Dieser regelt für Kinder und Jugendliche einen Anspruch auf Eingliederungshilfe, wenn

(1) ihre seelische Gesundheit mit hoher Wahrscheinlichkeit länger als sechs Monate von dem für ihr Lebensalter typischen Zustand abweicht und

(2) daher ihre Teilhabe am Leben in der Gesellschaft beeinträchtigt ist oder eine solche Beeinträchtigung zu erwarten ist.

Der Anspruch auf Eingliederungshilfe setzt daher nicht nur eine Abweichung der seelischen Gesundheit, sondern darüber hinaus auch die Beeinträchtigung der Teilhabe am Leben der Gesellschaft voraus.

b) Abweichung von der alterstypischen Gesundheit (§ 35a Abs. 1 Satz 1 Nr. 1 SGB VIII)

Eine Eingliederungshilfe nach § 35a SGB VIII setzt voraus, dass die seelische Gesundheit eines jungen Menschen von dem für das Lebensalter typischen Zustand für die Dauer von mehr als sechs Monaten abweicht. Vorübergehende seelische Störungen werden hier nicht erfasst. Über die Dauer findet hier eine Abgrenzung zu den akuten Erkrankungen statt, deren Behandlung regelmäßig durch die Krankenkassen bzw. durch die privaten Krankenversicherungen abgedeckt ist. Der Zeitraum von sechs Monaten ist sozialrechtlich festgesetzt. Die Vorschrift stellt auf eine Prognose ab, verlangt aber eine hohe Wahrscheinlichkeit. Die sechsmonatige Mindestdauer entspricht im Übrigen der Mindestdauer, den die internationale Klassifikation psychischer Störungen (ICD 11) für die meisten seelischen Störungen aufgenommen hat. Die Ermittlung des alterstypischen Zustandes darf nicht im Sinne eines statistischen Durchschnitts verstanden werden. Vielmehr ist sie unter Berücksichtigung der besonderen Entwicklungsdynamik von jungen Menschen im Rahmen einer die individuellen Umstände betreffenden Bandbreite zu ermitteln.

Ob nun eine Abweichung gegeben ist, ist von einem*einer Ärzt*in bzw. einem*einer Psychotherapeut*in anhand der im ICD 11[3] erfassten Klassifikation psychischer Störungen festzulegen. Dies wurde mit der neuen Gesetzgebung in § 35a Abs. 1a Satz 2 SGB VIII festgelegt. In der Praxis werden

---

3 https://www.bfarm.de/DE/Kodiersysteme/Klassifikationen/ICD/ICD-11/_node.html

die Diagnosen oft von den Fachdiensten im Jugendamt erstellt. Dies ist aber keinesfalls zwingend. Auch Kliniken und niedergelassene Ärzt*innen können Gutachten über die Abweichungen erstellen. Die ICD 11 enthält spezielle Kategorien für Krankheitsbilder, die im Kinder- und Jugendalter typischerweise auftreten. Zu den seelischen Störungen bei Kindern und Jugendlichen gehören insbesondere körperlich nicht begründbare Psychosen, seelische Störungen als Folge von Krankheiten, Suchtkrankheiten, Neurosen oder Persönlichkeitsstörungen. Reaktionen auf schwere Belastungen und Anpassungsstörungen gehören ebenfalls dazu, insbesondere die posttraumatische Belastungsstörung, die gerade bei geflüchteten Menschen häufig vorzufinden ist. Hier sind auch Legasthenie und Dyskalkulie, sofern ein gewisser Schweregrad erreicht ist, angesprochen. Auch die hyperkinetische Störung oder das Aufmerksamkeitsdefizitsyndrom (ADHS) wird als Teilleistungsstörung F 90 ICD 11 eingestuft.

c) Beeinträchtigung der Teilhabe am gesellschaftlichen Leben

Gem. § 35a Abs. 1 Nr. 2 SGB VIII muss der abweichende Gesundheitszustand dazu führen, dass der junge Mensch in seiner*ihrer Teilhabe am Leben in der Gesellschaft beeinträchtigt ist oder dass eine solche Beeinträchtigung droht. Unter Teilhabe wird im Sinne der oben genannten Vorschrift die aktive und selbstbestimmte Gestaltung des gesellschaftlichen Lebens verstanden. Im Zuge des Bundesteilhabegesetzes wurden gem. § 13 SGB IX Instrumente zur Ermittlung der Teilhabebeeinträchtigung entwickelt. Hierzu wird auf die International Classification of Functioning, Disability and Health (ICF) zurückgegriffen.

Die ICF stellt eine gemeinsame Sprache und einen Rahmen für die Planung von Förderung und Therapie sowie die Formulierung von Förder- und Behandlungszielen bereit. Für junge Menschen gilt speziell das ICF – CY. Es ist eine Klassifikation, mit der mögliche Beeinträchtigungen in den Bereichen der Funktionen und Strukturen des menschlichen Organismus, der Tätigkeiten (Aktivitäten) aller Art einer Person und der Teilhabe (Partizipation) an Lebensbereichen (z. B. Erwerbsleben) einer Person vor dem Hintergrund ihrer sozialen und physikalischen Umwelt (Umweltfaktoren) beschrieben werden können. Komponenten der Einschätzung einer Behinderung sind Körperfunktionen, Körperstrukturen, Schädigungen, Aktivität, Partizipation, Beeinträchtigung der Partizipation und Umweltfaktoren (von Boetticher FK § 35a Rz. 37). Bei Kindern und Jugendlichen, dann aber auch bei jungen

Erwachsenen, kommt es entsprechend dem ICF-CY vor allem auf den Kontext der Familie, Entwicklungsverzögerungen, Beteiligung und den ihnen typischen Lebenswelten an (v. Boetticher 2018 a.a.O. Rz. 38).

Die meisten Bundesländer haben Instrumente zur Ermittlung der Teilhabebeeinträchtigung und zur Bedarfsfeststellung entwickelt (z. B. Berlin: Teilhabeinstrument Berlin TiB, B.E.Ni in Niedersachsen, BEI-NRW in Nordrhein-Westfalen). Über zum Teil umfangreiche Fragebogen wird bei verschiedenen Personen, sei es den Eltern, der Schule, der Ausbildungsstätte oder den Trainer*innen im Freizeitbereich, ermittelt, inwiefern die jungen Menschen behinderungsbedingt an der Teilhabe gehindert sind.

Für das Vorliegen des § 35a SGB VIII reicht es aus, dass die jungen Menschen mit hoher Wahrscheinlichkeit von einer Behinderung bedroht sind. Dies bezieht sich gem. Abs. 1 Satz 2 § 35a SGB VIII auf das Merkmal der Teilhabebeeinträchtigung bei festgestellter „seelischer" Krankheit. Von einer hohen Wahrscheinlichkeit ist auszugehen, wenn nach fachlicher Einschätzung des Jugendamtes vom Eintreten einer Teilhabebeeinträchtigung auszugehen ist, wenn nicht zuvor interveniert wird (von Boetticher 2018 a.a.O. Rz. 44).

d) Hilfearten

Als Hilfen kommen die in § 35a Abs. 2 SGB VIII genannten Formen je nach Bedarf im Einzelfall in Betracht:

- in ambulanter Form
- in Tageseinrichtungen für Kinder oder in anderen teilstationären Einrichtungen
- durch geeignete Pflegepersonen
- in Einrichtungen über Tag und Nacht sowie in sonstigen betreuten Wohnformen.

Gem. Abs. 3 des § 35a SGB VIII richten sich die Aufgaben und Ziele der Hilfe, die Bestimmung des Personenkreises sowie die Art und Form der Leistung nach Kapitel 6 des Teil 1 des Neunten Sozialgesetzbuches (SGB IX), soweit diese Bestimmungen auch auf seelisch behinderte junge Menschen oder von einer solchen Behinderung bedrohte Personen Anwendung finden und sich aus diesem Buch nichts anderes ergibt.

e) Leistungsgruppen nach dem SGB IX

Im Rahmen des Bundesteilhabegesetzes wurden die Regelungen der Eingliederungshilfe aus dem SGB XII (dort vormals § 53 ff.) herausgenommen und als Teil 2 in das SGB IX aufgenommen. Durch den Verweis in Abs. 3 des § 35a SGB VIII gelten auch für die seelisch behinderten jungen Menschen die vier Leistungsgruppen nach dem § 5 Nr. 1, 2 4 und 5 SGB IX, Leistungen zur medizinischen Rehabilitation, zur Teilhabe am Arbeitsleben, zur Teilhabe an Bildung und zur sozialen Teilhabe.

Die medizinische Rehabilitation hat für die Hilfen nach § 35a SGB VIII wenig praktische Relevanz. Über den Verweis in § 109 SGB IX auf die Kataloglеistungen der Krankenkassen bei gleichzeitigem eigenem Nachrang leistet das Jugendamt hier nur in seltenen Fällen. Ähnlich verhält es sich für die Leistungen zur Teilhabe an Arbeit. Hier geht es um Leistungen zur Aktivierung und beruflichen Eingliederung, Leistungen zur Förderung der Berufsvorbereitung und Berufsausbildung, Weiterbildung und weitere Hilfen im Kontext mit Ausbildung und Arbeit. Vorrangig zuständig ist hier die Agentur für Arbeit. Die Leistungen sind insbesondere in den §§ 49 ff. SGB IX geregelt. Zuständig bleibt das Jugendamt jedoch bei Vorliegen einer seelischen Behinderung für Leistungen im Arbeitsbereich einer anerkannten Werkstatt für behinderte Menschen, §§ 58, 63 Abs. 2 Nr. 3 SGB IX.

(1) Leistungen zur Teilhabe an Bildung, § 112 SGB IX

Diese Leistungen sind im Rahmen des § 35a von besonderer Relevanz. Die Leistungen dienen dem Ziel eines diskriminierungsfreien, gleichberechtigten Zugangs zur inklusiven Bildung, also dem gemeinsamen Lernen von Menschen mit und ohne Behinderung (BT-Drs. 18/9522, 258). Die Hilfen sollen behinderungsbedingte Barrieren abbauen, um eine gleichberechtigte Teilhabe von Menschen mit Behinderung im Bildungsbereich zu ermöglichen. Erfasst werden hier der Bereich der allgemeinbildenden, der weiterführenden und berufsausbildenden Schulen sowie der Hochschulen zuzüglich der jeweiligen Vorbereitung. Umfasst werden hier sogar Hilfen zur beruflichen Fort- und Weiterbildung. Typische Leistungen sind die Ermöglichung des Schulbesuchs durch Schulbegleiter*innen, die Beförderung zur Schule, die Bewilligung von Lerntherapie bei Legasthenie und Dyskalkulie, bis hin zur Finanzierung von Internaten oder Privatschulen bei entsprechenden Bedarfen (von Boetticher 2018 a.a.O. Rz. 77). Für den Leistungsbereich Bildung besteht regelmäßig ein Zuständigkeitsproblem mit den

Bildungsverwaltungen. Aufgrund des in § 10 Abs. 1 Satz 1 geregelten Nachranges der Jugendhilfe ist diese nur zuständig, wenn die Schulen bei entsprechendem Bedarf kein geeignetes Angebot vorhalten, Stichwort: Jugendamt als Ausfallbürge.

(2) Leistungen zur sozialen Teilhabe, § 113 SGB IX
Die Aufgabe in dieser Leistungsgruppe ist die gleichberechtigte Teilhabe am Leben in der Gemeinschaft zu ermöglichen. Hierzu gehört auch die Befähigung zu oder die Unterstützung bei einer möglichst selbstbestimmten und eigenverantwortlichen Lebensführung (v. Boetticher a.a.O. Rz. 82). Bei jungen Menschen ist insbesondere hier der außerschulische Bereich von Relevanz.

Zu den Leistungen gehören insbesondere: Leistung für Wohnraum, insbes. Anpassung an besondere Bedürfnisse von Menschen mit Behinderung, § 77 SGB IX, Assistenzleistungen, Heilpädagogische Leistungen, Leistungen zur Betreuung in einer Pflegefamilie, sofern Erlaubnis nach § 44 SGB VIII, Leistungen zum Erwerb und Erhalt praktischer Kenntnisse und Fähigkeiten, Leistungen zur Förderung der Verselbstständigung, Leistungen zur Mobilität und Hilfsmittel. Über diese Leistungsgruppe können auch „medizinische" Leistungen bewilligt werden, die mangels Aufnahme in den Katalog der Krankenkassen von letzteren nicht finanziert werden können, z. B. besondere Therapien.

Die Leistungen im Rahmen des § 35a entsprechen weitgehend den Leistungen für diejenigen Menschen mit anderen Beeinträchtigungen; § 35a SGB VIII verweist ja gerade auf die Regelungen des SGB IX. Allerdings sind die Leistungen, die das Jugendamt gewährt, aufgrund des „pädagogischen Anteils" in der Regel besser finanziert als die Leistungen für Erwachsene. Neben Hilfen zur Persönlichkeitsentwicklung einschließlich der Eingliederungshilfe gibt es im Kinder- und Jugendhilferecht auch Förderung hinsichtlich Ausbildung und Beschäftigung.

2. Mitwirkung und Hilfeplanverfahren (§ 36 SGB VIII)

Die Ermittlung des Bedarfs, die Bestimmung der geeigneten und notwendigen Hilfen, die Auswahl der Hilfeerbringer*innen, aber auch der Umfang erfolgt im Hilfeplanungsverfahren. In diesem Verfahren soll der*die junge Volljährige umfassend beraten werden, auch hinsichtlich der Konsequenzen, die die Inanspruchnahme von Jugendhilfeleistungen für ihn*sie hat. Das Hilfeplanungsverfahren ist für alle Hilfen zur Erziehung und für die Hilfe für junge Volljährige nach § 41 SGB VIII vorgeschrieben. Es gilt für die Eingliederungshilfe eingeschränkt. Hier finden die Vorschriften zur Teilhabeplanung in den §§ 19 ff. SGB IX Anwendung. Dies wird am Ende dieses Teils dargestellt.

2.1 Hilfeplan

Teil des Hilfeplanungsverfahrens ist der Hilfeplan im Sinne des § 36 Abs. 2 SGB VIII, in dem der Ablauf der Hilfen, aber auch die vereinbarten Ziele der Hilfe dokumentiert und am besten von allen Beteiligten unterschrieben werden sollen. Ein Hilfeplan muss aufgestellt werden, wenn die Hilfe voraussichtlich länger als sechs Monate andauert. Der Hilfeplan enthält Feststellungen des Hilfebedarfs aufgrund der dokumentierten Darstellung des leistungserheblichen Sachverhalts. Hat der junge Mensch Geschwister, so sind die Geschwisterbeziehungen bei der Aufstellung und Überprüfung des Hilfeplans sowie deren Durchführung zu berücksichtigen. Er enthält auch die Kriterien für die Festlegung der geeigneten und notwendigen Hilfe. Neben den Zielen wird auch bestimmt, wie die Aufgaben zwischen den verschiedenen Fachkräften aufgeteilt werden, sofern dies nötig ist. Der Hilfeplan enthält in der Regel auch eine zeitliche Vorgabe hinsichtlich der Dauer der Hilfe; die Fristen für die Fortschreibung werden festgelegt. Schließlich müssen im Hilfeplan auch die Übergänge und die Vereinbarungen zur Nachbetreuung (§ 41a SGB VIII) festgehalten werden. Der Hilfeplan ist die Grundlage der Hilfe.

Da die Inanspruchnahme einer Hilfe oft erhebliche Auswirkungen auf die jungen Menschen hat, besteht ein umfassender Beratungsanspruch, § 36 Abs. 1 Satz 1 SGB VIII. Er dient nicht nur der Orientierung des jungen Menschen über mögliche Angebote und der Aufklärung über Rechte. Er soll auch seine Beteiligungsfähigkeit herstellen. Im Rahmen des KJSG ist dieser Beratungsanspruch auch mit Aufnahme des § 10a SGB VIII nochmals gestärkt worden.

Im Rahmen der Hilfeplanung sollen die Hilfen ausgehandelt werden. Dies ist auch die Regel. Dabei hat das Jugendamt die Verantwortung für eine verständliche, nachvollziehbare und wahrnehmbare Kommunikation. Dem öffentlichen Träger kommt auch die Aufgabe zu, den jungen Menschen über die Möglichkeiten einer Hilfe und seine Rechte (u. a. auf Beschwerde und Beteiligung) hinzuweisen und aufzuklären.

In nicht einvernehmlichen Situationen ist es umso wichtiger, die Möglichkeiten der Beteiligung und das Wunsch- und Wahlrecht auszuschöpfen. Gerade wenn es um die Fortsetzung einer Hilfe Auseinandersetzungen mit dem Jugendamt gibt, kann es sinnvoll sein, auch Stellungnahmen von Personen außerhalb der Einrichtung einzuholen, da deren Stellungnahmen mitunter als parteiisch gelten (z. B. vermutet wird, dass die betreuende Institution ihre Belegung sichern möchte). Sinnvoll ist es auch, fachkundige Unterstützung von außen hinzuzuziehen und sich beispielsweise durch Vertreter*innen von Ombudsstellen in den Hilfeplankonferenzen begleiten zu lassen.

Der Hilfeplan ist im Falle einer gerichtlichen Auseinandersetzung von außerordentlicher Bedeutung, da sich hieraus in der Regel die ermittelte Bedarfslage ergibt (oder eben auch gerade nicht). Der Hilfeplan kann mangels eigenständiger Regelungswirkung nicht als Verwaltungsakt angesehen werden (Wiesner/Wapler 2022 § 36 Rz. 79, Stähr 2015, § 36 Rz. 40; Meysen 2013 § 36 Rz. 53 u. a.). Letztlich bereitet er die endgültige Entscheidung, über die Kostenübernahme oder eben die Kostenablehnung nur vor. Er dient der Kontrolle und Überprüfung der jeweiligen Hilfe. Die Feststellungen im Hilfeplan sind gerade für die Frage der Zielkontrolle wichtig. Sie begründen aber auch den Bedarf und dienen für die Bestimmung der notwendigen und geeigneten Hilfen.

2.2 Beteiligung und Beratung

Im Hilfeplanungsverfahren sind neben dem jungen Menschen (bei Minderjährigen auch die Eltern oder andere Personensorgeberechtigten, d.h. ggf. Vormünder*innen) andere Fachkräfte der Jugendhilfe oder auch die Pflegeeltern zu beteiligen. Weiter zu beteiligen ist die Einrichtung, die die Hilfen durchführt, und bei Maßnahmen zur beruflichen Eingliederung auch die hierfür zuständigen Stellen, insbesondere auch die Agentur für Arbeit oder das Jobcenter, sowie andere Sozialleistungsträger und die Schulen. Bei Hilfen nach § 35a SGB VIII ist auch die Person zu beteiligen, die die Diagnostik nach § 35a Abs. 1 Seite 1 aufgestellt hat. Oft ist es auch empfehlenswert, wenn sich der junge Mensch von einer Person seines*ihres Vertrauens zu der für ihn*sie wichtigen Helfer*innenkonferenz begleiten lässt. Dies ist über das Recht auf einen Beistand nach § 13 SGB X möglich. Dieses Ansinnen des am Verfahren Beteiligten kann nur in engen Grenzen zurückgewiesen werden, u. a., wenn sie unsachlich sind (s. § 13 Abs. 5 und 6 SGB X). Sie können sich auch eines*einer Bevollmächtigten bedienen. Gleiches gilt jeweils auch für die Eltern oder den*die Vormund*in, da diese Beteiligte im Sinne des § 12 SGB X sind. Selbstverständlich können sich junge Menschen auch von Vertreter*innen einer Ombudsstelle unterstützen lassen.

2.3 Wunsch- und Wahlrecht

Vor der Inanspruchnahme ist der junge Mensch auch auf sein*ihr Wunsch- und Wahlrecht hinzuweisen und entsprechend zu beraten (§ 36 Abs. 1 Satz 1 SGB VIII). Es ist ihm*ihr aufzuzeigen, dass er*sie zwischen gleich geeigneten Hilfen wählen kann. Entsprechend sollen ihm*ihr auch mehrere Angebote gemacht werden, zwischen denen er*sie sich entscheiden kann. Dies ist auch für junge Volljährige in § 37c Abs. 3 gesondert festgehalten.

2.4 Fortführung der Hilfeplanung

Die Hilfeplanungsgespräche finden in regelmäßigen Abständen, in der Regel halbjährlich, statt. Hier wird dann die Entwicklung des jungen Menschen überprüft und die Hilfe entsprechend der Bedarfslage angepasst. Hier spielen dann auch die Mitarbeiter*innen der die Hilfe durchführenden Träger und die Pflegeeltern eine große Rolle, sie sind gem. § 36 Abs. 3 Satz 1 zu beteiligen. Die Mitarbeiter*innen der Träger verfassen in der Regel umfassende Berichte. Es wird dann der Hilfeplan fortgeschrieben bzw. auch neu aufgestellt.

2.5 Ablauf einer Hilfeplanung

Die Hilfeplanung läuft idealtypisch wie folgt ab (Schönecker/Meysen § 36 Rz. 56):

(1) Kontaktaufnahme/Krisenintervention
(2) Zuständigkeitsprüfung, sachlich und örtlich, §§ 85 ff. SGB VIII
(3) Beratung des*der jungen Volljährigen § 36 Abs. 1 Satz 1 (ggf. nach Vorfeldberatung im Sinne des § 10a)
(4) Fallbearbeitende Fachkraft gibt unter Einbeziehung der Betroffenenperspektive in einer grundlegenden Stellungnahme eine Einschätzung über den Bedarf: psychosoziale/sozialarbeiterische Diagnose

(5) Beratung im Team (ASD, ggf. unter Hinzuziehung anderer Fachkräfte wie Psycholog*innen, Ärzt*innen), Reflexion über den Bedarf (Problem) und über die im Einzelfall geeignete und erforderliche Hilfe (Lösung)
(6) Aufstellung eines Hilfeplans zusammen mit dem*der jungem*n Volljährigen und Fachkräften und unter Beachtung des Wunsch- und Wahlrechts
(7) Entscheidung über Antrag durch fallzuständige Fachkraft im ASD mit Bindung für die Abteilung wirtschaftliche Jugendhilfe
(8) Bekanntgabe der Entscheidung durch Hilfebescheid, Kostenbescheid
(9) Durchführung der Hilfe
(10) ggf. Kostenheranziehung (§§ 91-94 SGB VIII KostenbeitragsV)

2.6 Teilhabeplanung im Rahmen der Eingliederungshilfe, § 19 SGB IX

Für die Eingliederungshilfe gelten die Regelungen der Teilhabeplanung. Das Jugendamt als Rehabilitationsträger im Sinne des § 6 Abs. 1 Nr. 6 SGB IX erstellt einen Teilhabeplan, sofern für die Leistung mehrere Rehabilitationsträger (z. B. Krankenkasse oder Jugendamt) notwendig sind, mehrere Leistungsgruppen betroffen sind oder der Leistungsberechtigte dies verlangt. Eine Teilhabeplanung muss beispielsweise durchgeführt werden, wenn neben den sozialen Teilhabeleistungen auch Leistungen zur Teilhabe an Bildung notwendig sind. Der junge Mensch benötigt nicht nur eine Assistenz in Form einer Schulbegleitung für den Schulbesuch, sondern auch einen für den Freizeitbereich. Die Teilhabeplanung dient der Abstimmung verschiedener Hilfen und Träger und soll einen reibungslosen Ablauf gewähren. Die Teilhabeplanung ist das zentrale Instrument zur Koordinierung der Leistungen (von Boetticher/Kuhn-Zuber 2019: 60).

Die Teilhabeplanung

Die Teilhabeplanung dient der Bedarfsermittlung einer Eingliederungshilfe. Hier werden für diesen Bereich Ziel, Art und Umfang der voraussichtlich notwendigen Leistungen unter Beteiligung weiterer Rehabilitationsträger und anderer öffentlicher Stellen bestimmt. Federführend ist der verantwortliche Rehabilitationsträger. Wegen seiner koordinierenden Funktion muss das Verfahren nur durchgeführt werden, wenn Leistungen aus mehreren Leistungsgruppen oder von mehreren Leistungsträgern erbracht werden sollen. Der*Die Leistungsberechtigte kann die Durchführung des Teilhabeplanverfahrens aber auch verlangen.

Für alle Rehabilitationsmaßnahmen gilt:
Der Teilhabeplan dokumentiert das Verfahren anhand von elf Punkten (§ 19 Abs. 2 SGB IX). Insbesondere werden der Rehabilitationsbedarf, die gutachterlichen Stellungnahmen, aber auch die Beteiligung der verschiedenen Dienste festgehalten. Die Vorgaben der Dokumentation führen zu einer gegenüber der allgemeinen Hilfeplanung stärkeren Formalisierung. Die Rehabilitationsplanung muss zügig durchgeführt und danach regelmäßig überprüft werden. Gem. § 20 SGB IX kann mit Zustimmung des*der Leistungsberechtigten eine Teilhabekonferenz durchgeführt werden. Die Teilhabekonferenz muss durchgeführt werden, wenn dies von dem*der Leistungsberechtigten verlangt wird. Unter genau bestimmten Voraussetzungen (§ 20 Abs. 1 Satz 3 SGB IX) kann hiervon abgewichen werden. Wird die Teilhabekonferenz auf Antrag des*der Betroffenen durchgeführt, verlängert sich die Frist, die dem Rehabilitationsträger für die Entscheidung über die Hilfe bleibt, auf sechs Wochen (§ 15 Abs. 4 SGB IX).

Im Bereich des § 35a SGB VIII gelten die Vorschriften und Regelungen zur Hilfeplanung ergänzend. Der Kreis der Beteiligten ist gem. § 20 Abs. 3 SGB IX näher konkretisiert. Neben dem jungen Menschen, ggf. bei Minderjährigen die Eltern, können Beistände, Bevollmächtigte, aber auch sonstige Vertrauenspersonen teilnehmen. Die jungen Menschen sind zudem auf das Angebot der Ergänzenden Unabhängigen Teilhabeberatung (EUTB) hinzuweisen. Darüber hinaus soll auch – nun gem. § 36 SGB VIII – die Person an den Konferenzen teilnehmen, die das Gutachten über die Abweichung des gesundheitlichen Zustandes festgestellt hat.

3. Rechtsbeziehungen junger Erwachsener in den Hilfen zur Erziehung

3.1 Rechtsbeziehung zwischen jungen Erwachsenen, Jugendamt und freien Jugendhilfeträgern

Die jungen Menschen haben unter den bereits dargelegten Voraussetzungen einen Anspruch auf Übernahme der Kosten für eine Hilfe für junge Volljährige gegenüber dem Jugendamt. Die öffentliche Jugendhilfe kann in der Regel die Hilfen nicht anbieten und soll dies – aufgrund des Subsidiaritätsprinzips – auch nicht, wenn Träger der freien Jugendhilfe diese anbieten können (§ 4 Abs. 2 SGB VIII). In diesem Fall wird der Anspruch der jungen Menschen auf Hilfen nach § 41 f. SGB VIII dadurch erfüllt, dass das Jugendamt die Kosten für die Hilfeleistung der freien Träger übernimmt. Zwischen diesen drei Subjekten entstehen drei Rechtsbeziehungen, es wird auch von dem **sozialrechtlichen Dreiecksverhältnis** gesprochen.

3.2 Rechtsverhältnis zwischen jungen Volljährigen und dem Jugendamt

Die Personensorgeberechtigten/Minderjährigen/jungen Volljährigen haben einen Anspruch auf Hilfen entsprechend dem Leistungsrecht des SGB VIII (§§ 11–41a). Dieser Anspruch erschöpft sich darin, dass der junge Mensch von dem Jugendamt verlangen kann, dass die von ihm*ihr beantragte und benötigte Hilfe finanziert wird. Die Leistung selbst wird in der Regel von freien Trägern erbracht. Die Antragstellenden erhalten auch die Kosten zum Lebensunterhalt vom Jugendamt, sofern sie außerhalb des Familienhaushalts betreut werden. Das Jugendamt hat aber gleichzeitig einen Anspruch auf Kostenbeteiligung in den gesetzlich vorgesehenen Fällen (§§ 90 ff. SGB VIII) (vgl. Abschnitt II.3.c Kostenheranziehung).

3.3 Rechtsverhältnis zwischen jungen Volljährigen und freien Jugendhilfeträgern oder Pflegepersonen

Zwischen den jungen Volljährigen und den freien Jugendhilfeträgern bzw. den Pflegepersonen besteht im Falle einer Betreuung ein privatrechtlicher Vertrag. Der Jugendhilfeträger verpflichtet sich, die Betreuung der jungen Menschen, bei stationären Maßnahmen auch die Unterkunft und Verpflegung, gegen Entgelt zu gewährleisten. Das vereinbarte Entgelt wird aber letztlich (unter Berücksichtigung der Kostenbeteiligung) vom zuständigen Jugendamt getragen. Darüber hinaus legen die Parteien auch den Inhalt der Betreuung fest. Inhalt und Grenzen werden über das Jugendamt vermittelt und schriftlich im Rahmen der Hilfeplanung festgelegt. Dies kann aber auch abweichend und mündlich vereinbart und jederzeit abgeändert werden.

Der Vertrag ist vonseiten des jungen Menschen jederzeit kündbar, vonseiten des Jugendamtes als Kostenträger nur aus wichtigem Grunde, z. B. werden dafür häufig massive Regelverstöße angeführt. Der freie Träger, aber auch die Pflegestelle, kann die Hilfe ungeplant beenden und die jungen Menschen zum Auszug auffordern. Umgekehrt ist aber auch der junge Mensch nicht gezwungen, die Hilfe bei dem Träger oder der Pflegestelle fortzusetzen, wenn die Betreuung ihm*ihr nicht zusagt. Dann sollte er*sie Kontakt zum Jugendamt aufnehmen und mit dem*der zuständigen Mitarbeiter*in Möglichkeiten einer anderen Unterbringung erörtern.

3.4 Rechtsbeziehung zwischen Jugendamt und freiem Träger

Das Jugendamt überwacht die Einrichtungen, um Gefahren für die dort betreuten jungen Menschen zu verhindern. Die Kontrolle erfolgt in der Regel bei der Inbetriebnahme einer Einrichtung mit der Betriebserlaubnis, §§ 45 ff. SGB VIII und regelmäßigen Überprüfungen. Die Betriebserlaubnis wird im Allgemeinen von der Heimaufsicht erteilt, die in der Regel beim Landesjugendamt angesiedelt ist. Ohne Betriebserlaubnis kann eine Einrichtung nicht arbeiten.

Die Finanzierung der Jugendhilfeleistungen erfolgt im Rahmen der Hilfen zur Erziehung über Kostensätze. Das Jugendamt schließt mit den Trägern eine Leistungs-, Entgelt- und Qualitätsvereinbarung (§§ 78a ff. SGB VIII). Hierin sind nicht nur die fachlichen Standards, sondern auch die personelle Ausstattung, Fragen des Kinderschutzes und auch die inhaltliche Arbeit geregelt. In den Vereinbarungen ist ebenso das Entgelt geregelt. Aufgrund dieser Vereinbarung erfolgt dann die Bezahlung. Im Allgemeinen werden diese Kostensatzvereinbarungen mit den Spitzenverbänden der Freien Wohlfahrtspflege im Rahmenvertrag festgelegt, dann entsprechend angepasst und zwischen Träger und Jugendamt genauer geregelt. Die Träger, die eine Kostenvereinbarung mit dem Jugendamt haben (und das sind fast alle), werden bevorzugt. Wünschen Personensorgeberechtigte/Minderjährige/

junge Volljährige eine Betreuung durch einen bestimmten Träger, muss – sofern die gewählte Hilfe notwendig und geeignet ist – dem Wunsch entsprochen werden, sofern dies nicht mit unverhältnismäßigen Mehrkosten verbunden ist (§ 36 Abs. 1 Satz 5 SGB VIII, Wunsch- und Wahlrecht vgl. Abschnitt I.2.c). Die Kostensatzvereinbarung, die ein örtlich zuständiger öffentlicher Jugendhilfeträger mit dem freien Träger geschlossen hat, ist auch für alle anderen Jugendämter bindend.

3.5 Besondere Bedingungen der Rechtsbeziehungen zwischen jungen Menschen und ihren Pflegeeltern

Abgesehen von der Verwandtenpflege besteht zwischen den Betreuer*innen bzw. Pflegeeltern und dem jungen Menschen keine verwandtschaftliche Beziehung. Die Pflegeperson wird aufgrund eines Pflegevertrags tätig. Darüber hinaus sind sie füreinander weder zum Unterhalt verpflichtet, noch beerben sie sich. Eine Besonderheit gibt es hier jedoch: Pflegekinder können in die Familienversicherung (Krankenkasse) der Pflegefamilie aufgenommen werden. Die Pflegeeltern erhalten für die Pflegekinder ggf. Kindergeld.

Nun kann sich gerade bei einer langjährigen Unterbringung in einer Pflegefamilie zwischen dem Kind bzw. dem*der Jugendlichen und seinen*ihren Pflegeeltern eine so enge Bindung entwickeln, dass beide auch auf Dauer wie eine „normale“ Familie miteinander verbunden bleiben wollen. Um dies zu erreichen, sieht das deutsche Recht eine Adoption vor. Die Pflegeeltern oder ein Pflegeelternteil können grundsätzlich das Pflegekind adoptieren. Dabei ist zu unterscheiden zwischen der Adoption eines minderjährigen Kindes und der Adoption eines*einer Volljährigen. Beides ist möglich, das Verfahren und die rechtlichen Folgen variieren.

a) Adoption von Minderjährigen

Die Adoption ist in den §§ 1741 ff. BGB geregelt. Die Voraussetzung einer Adoption setzt zunächst den Antrag des*der Annehmenden, also im Kontext der Vollzeitpflege der Pflegeeltern bzw. eines Pflegeelternteils, voraus. Grundsätzlich muss der*die Annehmende mindestens 25 Jahre alt sein (§ 1743 BGB). Darüber hinaus ist noch die Einwilligung des anzunehmenden Kindes bzw. Jugendlichen notwendig. Bis zum 14. Geburtstag bedarf es der Zustimmung des gesetzlichen Vertreters bzw. der gesetzlichen Vertreterin, danach reicht die Einwilligung des Kindes bzw. des*der Jugendlichen selbst, sofern er*sie nicht geschäftsunfähig ist. Letztlich ist noch die Einwilligung der leiblichen Eltern erforderlich (§ 1747 BGB). Diese Einwilligung kann ggf. durch eine familiengerichtliche Entscheidung ersetzt werden (§ 1748 BGB). Sowohl der Antrag des*der Annehmenden als auch die Einwilligungen müssen notariell beurkundet werden (§ 1750 BGB).

Ein Antrag sowie die Einwilligungen der Beteiligten sind allein allerdings nicht ausreichend. Vielmehr bedarf es eines Adoptionsbeschlusses durch das zuständige Familiengericht gem. § 1752 BGB. Der Beschluss wird nicht erlassen, wenn das Gericht das Kindeswohl gefährdet sieht oder wenn Interessen der Kinder oder Jugendlichen des*der Annehmenden oder des*der Anzunehmenden entgegenstehen (§ 1745 BGB). Die Adoption soll zudem erst dann beschlossen werden, wenn das Kind bzw. der*die Jugendliche eine angemessene Zeit in Adoptionspflege hatte (§ 1744 BGB).

Es gibt nur bestimmte zulässige Adoptionsformen. Ehepaare können gemeinschaftlich ein Kind annehmen. Wer nicht verheiratet ist, kann ein Kind nur allein annehmen. Solange das Adoptionsverhältnis besteht, kann das Kind bei Lebzeiten des Annehmenden schließlich nicht auch von einem anderen Adoptionswilligen adoptiert werden.

Wirkungen der Adoption

Durch die Adoption treten folgende Rechtswirkungen ein:

- Der*Die Angenommene erhält die rechtliche Stellung eines Kindes des*der Annehmenden. Diese*r erhält im Falle einer Minderjährigenadoption die elterliche Sorge. Bei der Adoption durch Ehegatt*innen erhält der*die Angenommene die Stellung eines gemeinsamen Kindes.
- Es entstehen neue Verwandtschaften. Das Kind und seine ‚Abkömmlinge' treten gegenüber dem*der Annehmenden und seinen*ihren Verwandten in die vollen verwandtschaftlichen Beziehungen ein. Das Kind tritt unterhaltsrechtlich neben die leiblichen Kinder. Es wird ein gesetzliches Erbrecht und ein Unterhaltsanspruch im Sinne der §§ 1601 ff. BGB begründet.
- Die bisherigen Verwandtschaftsverhältnisse erlöschen. Dies gilt eingeschränkt, wenn das Kind mit dem*der Annehmenden schon vorher verwandt war (z. B. durch Onkel/Tanten).
- Das Kind erhält den Familiennamen des*der Annehmenden (§ 1757 Abs. 1 BGB).

Aufhebung der Adoption
Die Adoption kann ausnahmsweise dann wieder aufgehoben werden, wenn die entsprechenden Einwilligungen fehlten oder die Aufhebung dem Kindeswohl entspricht. Voraussetzung ist allerdings, dass das Kind hierdurch nicht familienlos wird. In der Regel erfolgt dann eine Rückübertragung auf die leiblichen Eltern.

b) Adoption von Volljährigen
Auch die Adoption eines*einer Volljährigen ist möglich, allerdings sind Voraussetzungen und Wirkungen andere als bei der Adoption von Minderjährigen. Geregelt ist dies in den §§ 1767–1772 BGB.

Voraussetzungen
Zulässig ist die Adoption eines*einer Volljährigen, wenn die Annahme sittlich gerechtfertigt ist. Dies wird insbesondere dann angenommen, wenn bereits zwischen Anzunehmenden und Annehmenden ein Eltern-Kind-Verhältnis besteht. Die Annahme ist verboten, wenn überwiegende Interessen des*der Anzunehmenden oder des*der Annehmenden entgegenstehen. Hier bedarf es Anträgen von Anzunehmenden und Annehmenden. Auch diese müssen notariell beurkundet werden. Die Entscheidung trifft das Familiengericht. Die Entscheidung wird genau abgewogen.

Wirkungen
Im Gegensatz zur Minderjährigenadoption entsteht ein Verwandtschaftsverhältnis ausschließlich zu dem*der Annehmenden, nicht zu dessen Verwandten. Gleichzeitig erlöschen die bisherigen Verwandtschaftsverhältnisse zu der Ursprungsfamilie nicht! Die Unterhaltsansprüche in Bezug auf die Ursprungsfamilie bleiben erhalten, an der erbrechtlichen Beziehung zu den (Ursprungs-) Verwandten ändert sich nichts. Allerdings ist der Annehmende gegenüber den leiblichen Verwandten des angenommenen Kindes vorrangig unterhaltspflichtig.

Aber: Das Familiengericht kann gem. § 1772 BGB aussprechen, dass die Adoption des*der Volljährigen die gleichen Wirkungen hat wie bei Minderjährigen (also Verwandtschaft mit allen Verwandten des*der Annehmenden, Erlöschen der eigenen Verwandtschaft u. a.). Voraussetzung ist hier, dass

- neben dem volljährigen ein minderjähriges Geschwisterkind angenommen wird

- der*die Annehmende das Kind seiner*ihrer Ehegatt*in annimmt
- der*die Anzunehmende bereits als Minderjährige*r in die Familie des*der Annehmenden aufgenommen worden ist **oder**
- der*die Annehmende im Zeitpunkt der Antragstellung noch minderjährig war.

Adoption von Care Leaver*innen im jungen Erwachsenenalter

Im Hinblick auf die spezielle Konstellation von Care Leaver*innen, die in der Regel über Jahre in den Pflegefamilien leben, ist es in diesen Fällen gut möglich, auch eine Volladoption des*der Volljährigen zu erreichen und eine Verwandtschaft gegenüber allen Verwandten des*der Annehmenden zu erreichen.

4. Andere Hilfen im Rahmen des SGB VIII

Grundsätzlich ist gerade auch seit den Reformen im Sozialgesetzbuch II (seit 2023 Bürger(*innen)geld) die Unterstützung junger Menschen bei Ausbildung und Berufseinstieg auch eine besondere Aufgabe der Agentur für Arbeit und der Jobcenter. Diese „Systeme“ halten zwar auch pädagogische Hilfen vor, allerdings bisher oft in nicht ausreichendem Umfang. Demgegenüber gibt es im Bereich der Jugendhilfe die sogenannte Jugendberufshilfe mit einer stärker pädagogisch betreuten Ausbildungsmöglichkeit, die in der Regel vom Jugendhilfeträger selbst angeboten wird und meistens zuwendungsfinanziert ist. Gerade für benachteiligte, schwer zu integrierende junge Menschen ist die Jugendberufshilfe gut geeignet und oft der letzte Weg, um eine Integration in eine Ausbildung bzw. in die Arbeitswelt zu schaffen. Sie ist allerdings teurer als die Maßnahmen der Agentur für Arbeit oder der Jobcenter.

4.1 Jugendsozialarbeit (§ 13 SGB VIII)

Hier geht es vor allem um die Jugendberufshilfe, gem. Abs. 2. Es handelt sich um sozialpädagogisch begleitete Ausbildungs- und Beschäftigungsverhältnisse. Sie sind gekennzeichnet durch einen relativ hohen Betreuungsschlüssel. Allerdings sind diese Hilfen gegenüber Hilfen der Agentur für Arbeit und des Jobcenters nachrangig. Im Hinblick auf den weitgehenden Ausschluss von vielen Leistungen nach § 7 SGB II gilt der Nachrang gerade bei Menschen ohne deutschen Pass und ohne Arbeitsgenehmigung nur eingeschränkt. Die Jugendberufshilfe kann entweder direkt (also als Einzelleistung gem. § 13 SGB VIII) oder im Rahmen der Hilfen zur Erziehung/ Hilfe für junge Volljährige installiert werden. In der Grundnorm der Hilfen zur Erziehung, § 27 SGB VIII, ist in Abs. 3 Satz 2 auf die Jugendberufshilfe Bezug genommen worden. Da § 41 SGB VIII, die Hilfe für junge Volljährige, auch auf diese Rechtsfolge verweist, kann die Jugendberufshilfe auch als erzieherische Hilfe bewilligt werden.

a) Zielrichtungen der Förderungen nach dem SGB II, SGB III und SGB VIII

Hilfen nach SGB III dienen der Arbeitsförderung und zielen auf den Arbeitsmarkt sowie die Integration in den Arbeitsmarkt ab. Hilfen nach SGB II verfolgen demgegenüber die Idee einer umfassenden Förderpflicht durch den

Träger der Grundsicherung/Jobcenter; erwerbsfähige Hilfebedürftige sollen bei der Eingliederung in Arbeit beraten und unterstützt werden, Verstöße können sanktioniert werden, die Umsetzung erfolgt aufgrund von Eingliederungsvereinbarungen.

Demgegenüber steht die Jugendberufshilfe nach § 13 SGB VIII: Ziel hier ist an erster Stelle die Förderung der sozialen und gesellschaftlichen Teilhabe und Integration; erst danach geht es um die Integration in Arbeit. Es ist u. a. eine Kooperation mit dem Arbeitsamt vorgesehen. Sofern die Hilfe nach § 13 SGB VIII über §§ 27, 41 SGB VIII bewilligt wird, muss auch ein Hilfeplanverfahren nach § 36 SGB VIII durchgeführt werden. Im Gegensatz zum SGB II gibt es hier keine Sanktionsmöglichkeiten.

b) Voraussetzungen für die Jugendberufshilfe

Die Voraussetzungen für die Inanspruchnahme der Leistungen der Jugendberufshilfe sind gegeben, wenn eine Benachteiligung vorliegt, eine altersgemäße Integration nicht bzw. zumindest durchschnittlich gelungen oder ein junger Mensch individuell beeinträchtigt ist. Eine solche Beeinträchtigung wird angenommen, wenn es die persönlichen Merkmale des jungen Menschen erschweren, zur Teilhabe in der Gesellschaft wichtige physische, kognitive oder soziale Anforderungen zu erfüllen. Aus diesen Gegebenheiten kann ein erhöhter Unterstützungsbedarf abgeleitet werden.

c) Nachrang

Die Jugendberufshilfe ist gegenüber den Maßnahmen von Agentur für Arbeit und Jobcenter nachrangig. Die Jugendberufshilfe tritt aber nur dann zurück, wenn Agentur oder Jobcenter entsprechende Angebote auch vorhalten und wenn die Voraussetzungen der entsprechenden Leistungsnormen überhaupt vorliegen. Vorrangig sind insbesondere Leistungen zur Förderung der Berufsausbildung und beruflichen Weiterbildung nach dem SGB III durch die Arbeitsagentur und Leistungen zur Eingliederung in Arbeit gem. §§ 14–16g SGB II durch das Jobcenter. Es besteht also grundsätzlich ein Nachrang gegenüber arbeits- und ausbildungsfördernden Maßnahmen nach den SGB II und SGB III. Gegenüber der Förderung schwer zu erreichender junger Menschen nach § 16h SGB II ist die Jugendberufshilfe allerdings vorrangig.

Was bleibt dann noch von der Jugendsozialarbeit nach § 13 SGB VIII?

Hilfen für

- junge Menschen, die das 25. Lebensjahr, nicht aber das 27. vollendet haben – sie erhalten keine besonderen jugendgerechten Angebote im SGB II oder III mehr
- nichtdeutsche junge Menschen ohne Arbeitserlaubnis
- nicht erwerbsfähige junge Menschen i. S. des § 7 Abs. 1 Nr. 2 SGB II
- junge Menschen, die länger als sechs Monate stationär untergebracht sind und wöchentlich dem Arbeitsmarkt weniger als 15 Stunden zur Verfügung stehen
- junge Menschen, für die das Jobcenter oder die Agentur für Arbeit keine geeigneten Angebote zur Verfügung stellen können

d) Anspruch auf Hilfe?

Ein weiteres Problem stellt sich. Es ist umstritten, ob § 13 SGB VIII ein subjektives Recht auf die Jugendberufshilfe begründet oder ob die Norm nur die Jugendämter verpflichten soll, entsprechende Angebote zu schaffen.[4] Dieses Problem lässt sich in der Praxis relativ einfach umgehen, indem die Hilfe über § 27 SGB VIII (Hilfen zur Erziehung) gewährt wird. § 27 Abs. 3 Satz 2 SGB VIII verweist nämlich auf die Regelungen zur Jugendberufshilfe. Die Nachrangproblematik bleibt hier aber wegen § 10 Abs. 3 Satz 2 SGB VIII bestehen.

e) Abgrenzung zu Hilfen nach § 41 SGB VIII

Hilfen zur Erziehung und Hilfen für junge Volljährige schließen grundsätzlich gem. § 27 Abs. 4 SGB VIII (auf den § 41 SGB VIII verweist) auch Ausbildungs- und Beschäftigungsmaßnahmen gem. § 13 SGB VIII ein. Daneben gibt es aber auch die Jugendberufshilfe „pur“. In diesem Falle gibt es keine Differenzierung nach Altersstufen, wie dies in § 41 SGB VIII geregelt ist. Auch ein Hilfeplanverfahren ist im § 13 SGB VIII (ohne §§ 41, 27 Abs. 4 SGB VIII)

---

4 U. a. Weitzmann 2022 in FK SGB VIII, § 13 Rz. 18 geht davon aus, dass es einen Regelanspruch auf die Leistungen der Jugendberufshilfe gibt („Soll-Norm“). Schön in Wiesner/Wapler 2022, § 13 Rz. 7; Wabnitz 2005 gehen von einem Rechtsanspruch aus, anders hingegen u. a. Gruber 2023, § 13 Rz. 27; Kepert/Dexheimer 2022, § 13 Rn. 3.

nicht vorgesehen. Relevanteres Abgrenzungskriterium ist hier die Intensität der pädagogischen Umsetzung. Während diese bei den Hilfen nach §§ 27 sowie 41 SGB VIII im Vordergrund stehen und die beruflichen oder schulischen Bildungsmaßnahmen eher Annexcharakter haben, dient die sozialpädagogische Hilfe in § 13 SGB VIII ausdrücklich der schulischen und beruflichen Integration.

Grundsätzlich ist die Jugendberufshilfe jedoch gegenüber Maßnahmen von Agentur für Arbeit und Jobcenter nachrangig (§ 10 Abs. 3 Satz 2, § 13 Abs. 2 SGB VIII). Dennoch gibt es sie noch und es lohnt sich – für den jungen Menschen – für den Erhalt zu kämpfen (DJI 2017, Rosenbauer/Schiller 2016).

4.2 Jugendwohnen nach § 13 Abs. 3 SGB VIII

Als weitere – stationäre – Leistung kommt das betreute Wohnen nach § 13 Abs. 3 SGB VIII in Betracht: sozialpädagogisch begleitete Wohnform. Sofern junge Menschen an einer schulischen, beruflichen Bildungsmaßnahme oder an einer beruflichen Eingliederungsmaßnahme teilnehmen, können ihnen sozialpädagogisch begleitete Wohnformen angeboten werden. Diese Ermessensleistung erlaubt eine sozialpädagogische Begleitung im Bedarfsfall. Als Formen kommen neben dem betreuten Jugendwohnen „Lehrlingswohnheime" u.a. in Betracht. Diese Hilfe ist nicht an eine individuelle Beeinträchtigung gekoppelt. Grundsätzlich kann sie jeder junge Mensch bis 27 Jahre in einer Ausbildung oder in einer anderen im Gesetz benannten Lage erhalten. Die Hilfe ist zeitlich begrenzt. Für die Dauer der Hilfe übernimmt das Jugendamt die laufenden Kosten des Unterhalts sowie die Krankenhilfe. Ein Anspruch auf die Hilfe besteht aber nicht.

4.3 Gemeinsame Wohnform für Mütter, Väter und Kinder (§ 19 SGB VIII)

Mütter oder Väter, die allein für ein Kind unter sechs Jahren zu sorgen haben oder tatsächlich sorgen, sollen gemeinsam mit dem Kind in einer geeigneten Wohnform betreut werden, wenn und solange sie aufgrund ihrer Persönlichkeitsentwicklung dieser Form der Unterstützung bei der Pflege und Erziehung des Kindes bedürfen. Auch ältere Geschwister können hier mitbetreut werden.

a) Voraussetzung und Inhalt der Leistung

Das Angebot richtet sich an Schwangere, alleinerziehende Mütter und Väter mit Blick darauf, dass die (bevorstehende) Geburt eines Kindes häufig mit erheblichen persönlichen, familiären, sozialen, emotionalen und/oder finanziellen Problemen verbunden sein kann (Joussen 2019, § 14 Rz. 6). Die Hilfe dient dem Ziel der Begleitung des Elternteils, um eine selbstständige Lebensführung gemeinsam mit dem Kind zu erreichen. Die Betreuung findet in Einrichtungen des die Hilfe leistenden Trägers statt. Die Hilfe umfasst auch die Förderung der Ausbildung und Berufstätigkeit. Gem. § 19 Abs. 2 soll mit Zustimmung des betreuenden Elternteils auch der andere Elternteil in die Leistung mit einbezogen werden, sofern dies dem Leistungszweck dient.

Die Leistung umfasst auch die Gewährung des notwendigen Unterhalts und der Krankenhilfe, § 19 Abs. 4 SGB VIII. Die Vorschrift ist dem § 39 SGB VIII nachgebildet, die jungen Menschen erhalten entsprechende Leistungen. Diese Leistung erfolgt ebenfalls als Annexleistung. Seit dem 01.01.2023 werden die jungen Mütter und Väter nicht mehr zu den Kosten der Hilfe herangezogen.

Es handelt sich um eine Soll-Leistung. Bei einem entsprechenden Unterstützungsbedarf ist die Hilfe zu gewähren, nur in besonders zu begründenden Ausnahmefällen steht dem Jugendamt bei der Frage, ob die Leistung erbracht werden soll oder nicht, ein Ermessen zu.

b) Abgrenzungsfragen

Während der Hilfebedarf nach § 19 SGB VIII erst durch die Schwangerschaft bzw. die Geburt eines Kindes ausgelöst wird – die Mutter bzw. der Vater ist mit der zusätzlichen Belastung durch das Kind überfordert –, steht der Hilfebedarf nach den §§ 27, 41 SGB VIII nicht im Zusammenhang mit einer Schwangerschaft oder Geburt eines Kindes. Wird allerdings die junge Volljährige in der Einrichtung selbst schwanger, wird die Hilfe erweitert. Sie umfasst dann auch die Unterstützung des jungen Menschen bei der Pflege und Erziehung des Kindes (§ 27 Abs. 4 i. V. m. § 41 SGB VIII). Im Gegensatz zur sozialpädagogischen Familienhilfe nach § 31 SGB VIII findet die Hilfe nach § 19 SGB VIII in den Räumen des Trägers statt. Die Betreuung in Frauenhäusern wird im Allgemeinen über die §§ 67 ff. oder 73 SGB XII finanziert, da es sich hier um eine komplexere Konfliktlage handelt. Allerdings ist stets zu prüfen, ob nicht ein Jugendhilfebedarf besteht, der dann gegenüber den Hilfen nach § 67 SGB XII vorrangig wäre.

Betreuungsleistungen nach anderen Sozialgesetzen, insbesondere nach dem SGB XII und SGB IX

Betreuungsleistungen enden nicht zwingend mit den Hilfen im Rahmen der Kinder- und Jugendhilfe. Auch Erwachsene oder junge Menschen ohne Jugendhilfebedarf können unter bestimmten Voraussetzungen Betreuungsleistungen vom Staat verlangen. Hier gibt es neben speziellen Krankenkassenleistungen insbesondere Eingliederungshilfeleistungen nach dem SGB IX oder Sozialhilfeleistungen nach dem SGB XII.

5. Leistungen zur Überwindung besonderer sozialer Schwierigkeiten, §§ 67, 68 SGB XII

Kernstück des Sozialhilferechts ist die Hilfe für qualifizierte Bedarfssituationen im Hinblick auf allgemeine Lebensrisiken. Dazu gehören Hilfen zur Gesundheit, Hilfen zur Pflege, Hilfe zur Überwindung besonderer sozialer Schwierigkeiten und Hilfe in anderen Lebenslagen. Für die Personengruppe der Care Leaver*innen ist insbesondere das nachfolgend erörterte Hilfesystem wichtig.

Menschen mit besonderen sozialen Schwierigkeiten haben einen Anspruch auf staatliche Hilfe. Die §§ 67 ff. SGB XII enthalten ein spezielles Hilfeangebot für Personen, bei denen komplexe Problemlagen vorliegen, die (allein) mit sonstigen Leistungen der Sozialhilfe nicht zu bewältigen sind. Ziel der Hilfen ist die Überwindung der sozialen Schwierigkeiten, um den Betroffenen die Teilnahme am Leben in der Gemeinschaft zu ermöglichen.

Besondere soziale Schwierigkeiten

Besondere Lebensverhältnisse bestehen bei fehlender oder nicht ausreichender Wohnung, bei ungesicherter wirtschaftlicher Lebensgrundlage, bei gewaltgeprägten Lebensumständen, bei Entlassung aus einer geschlossenen Einrichtung oder bei vergleichbaren negativen Umständen. Diese Hilfeform wird zum Erhalt oder zur Beschaffung von Wohnraum, zur Ausbildung, zur Erlangung und Sicherung eines Arbeitsplatzes oder zum Aufbau und zur Aufrechterhaltung sozialer Beziehungen installiert.

Wie auch im Rahmen der Hilfen nach § 41 SGB VIII wird hier durch das Sozialamt eine im Einzelfall bedarfsgerechte Hilfe gewährt. Dies besteht vor allem in der Beratung und persönlicher Unterstützung zur Ermittlung und Überwindung der speziellen Lebenssituation (§ 3 VO zu § 69 SGB XII). Dafür kann auch ein vorübergehendes betreutes Wohnen durch einen Träger der Sozialhilfe angeboten werden, wenn dies zur Beschaffung neuen Wohnraums erforderlich ist und ambulante Hilfen nicht ausreichend sind (§ 2 Abs. 5 VO zu § 69 SGB XII). Diese Hilfe kann z. B. bei drohendem Wohnungsverlust in Anspruch genommen werden. Sollte sich eine derartige Situation abzeichnen, empfiehlt es sich, Kontakt mit dem Sozialamt aufzunehmen. Gem. § 5 der VO zu § 69 SGB XII sind auch Hilfen zur Erlangung oder Sicherung von Arbeits- oder Ausbildungsverhältnissen vorgesehen. Ähnlich wie beim § 41 SGB VIII ist im Rahmen der §§ 67 ff. SGB XII der Leistungskatalog offen. Die Leistungen sind allerdings nicht so intensiv wie die nach § 41 SGB VIII. Die Hilfen werden im Rahmen eines Gesamtplans unter Einbeziehung des jungen Menschen entwickelt.

Zum Verhältnis von Hilfen nach § 41 SGB VIII und § 67 SGB XII

Die Hilfe nach § 67 SGB XII ist gegenüber Hilfen nach § 41 SGB VIII nachrangig. Der Nachrang ist in § 67 SGB XII ausdrücklich normiert. Allerdings kommt § 67 SGB XII auch für junge Volljährige in Betracht, wenn die Voraussetzungen des § 41 SGB VIII eben nicht vorliegen, sei es, dass der Bedarf an Verselbstständigung nicht gegeben ist oder sei es, dass kein spezifischer Unterstützungsbedarf mehr besteht. Steht die noch nicht abgeschlossene Persönlichkeit im Vordergrund, so gehen Leistungen nach § 41 SGB VIII vor. Geht es um die Bewältigung sonstiger Schwierigkeiten in der Lebensführung, gehen Leistungen nach § 67 SGB XII vor.

Bei Leistungen nach dem SGB XII ist zu beachten, dass in der Regel Einkommen und Vermögen einzusetzen sind. Über etwaige Streitigkeiten hierzu entscheidet das Sozialgericht.

Bei Leistungen der Sozialhilfe ist zu beachten, dass der Zugang für Menschen ohne deutschen Pass hier je nach Aufenthaltsstatus erheblich eingeschränkt ist. Näheres regelt § 23 SGB XII. Nur Menschen mit einer Niederlassungs-

oder zumindest befristeten Aufenthaltserlaubnis haben einen Anspruch auf diese Hilfen. Bei allen übrigen Menschen ohne deutschen Pass steht es im (pflichtgemäßen) Ermessen, ob die Hilfe gewährt wird oder nicht. Insbesondere Personen, die dem Asylbewerberleistungsgesetz unterliegen, sind von Sozialhilfe ausgeschlossen. Für diesen Personenkreis, zu dem die meisten Geflüchteten zählen, stellt sich die Vorrang-Nachrang-Konstellation nicht, da sie ohnehin keine Sozialhilfeleistungen beanspruchen können. Über § 6 AsylbLG kann in Ausnahmefällen doch noch eine Leistung gewährt werden, aber diese steht dann immer im Ermessen des Sozialhilfeträgers. Zu beachten ist hier aber auch, dass § 2 AsylbLG bestimmt, dass diejenigen, die seit 18 Monaten ohne wesentliche Unterbrechung sich im Bundesgebiet aufhalten und die Dauer des Aufenthalts nicht rechtsmissbräuchlich selbst beeinflusst haben, Leistungen entsprechend dem SGB XII beanspruchen können.

6. Eingliederungshilfe für Menschen mit körperlicher, seelischer und/oder geistiger Behinderung oder Sinnesbeeinträchtigungen

Sollte der junge Mensch eine Behinderung haben, dann hat er*sie einen Anspruch auf Eingliederungshilfe nach §§ 99 ff. SGB IX. Menschen mit Behinderungen sind Menschen, die körperliche, seelische, geistige oder Sinnesbeeinträchtigungen haben, die sie in Wechselwirkung mit einstellungs- und umweltbedingten Barrieren an der gleichberechtigten Teilhabe an der Gesellschaft mit hoher Wahrscheinlichkeit länger als sechs Monate hindern können (§ 2 SGB IX).

Sofern es sich um eine seelische Behinderung handelt und darüber hinaus auch noch ein Bedarf zur Persönlichkeitsentwicklung im Sinne von § 41 SGB VIII besteht, ist das Jugendamt für die Gewährung von Hilfen zuständig (vgl. Abschnitt I.1.2a Voraussetzungen für Hilfe für junge Volljährige gemäß § 41 SGB VIII). Andernfalls ist die Eingliederungshilfebehörde (früher: Sozialamt) als Rehabilitationsträger zuständig. Das gilt natürlich auch dann, wenn der seelisch behinderte junge Mensch das 27. Lebensjahr vollendet hat und somit nicht mehr zu dem Personenkreis des SGB VIII gehört. Die Regelungen der Eingliederungshilfe gelten natürlich auch für junge behinderte Menschen, die nicht unter das SGB VIII fallen, da sie eine andere (oder auch eine weitere) als eine seelische Behinderung haben. Ab dem 01.01.2028 werden die Jugendämter für alle Arten der Behinderung von jungen Menschen zuständig sein.

6.1 Voraussetzung der Eingliederungshilfe nach dem SGB XII /SGB IX

Voraussetzung für eine Leistung zur Eingliederungshilfe ist nach den §§ 99 ff. SGB IX eine wesentliche Behinderung im Sinne des § 2 SGB IX. Jede Behinderung setzt voraus, dass die gesundheitliche Abweichung, sei es körperliche, seelische, geistige oder Sinnesbeeinträchtigung, länger als sechs Monate von dem für das Alter typischen Zustand abweicht. Dies wird praktisch von einem*einer Ärzt*in oder im Falle der seelischen Behinderung auch von einem*einer Psycholog*in festgestellt. Die Teilhabebeeinträchtigung wird über ein ICF basiertes Verfahren ermittelt. Diese Verfahren sollten in den Bundesländern bis Ende 2019 etabliert werden. Die Behinderung resultiert nach aktuellem und so auch in § 2 SGB IX normierten Verständnis aus der Wechselwirkung zwischen individueller Beeinträchtigung und gesellschaftlichen Kontextfaktoren.

Im Übrigen sind die Voraussetzungen, das Verfahren und vor allem die Hilfen genau die gleichen wie im Rahmen des oben bereits erörterten § 35a SGB VIII, mit Abweichungen hinsichtlich der Geltung von Personen ohne deutschen Pass und dem Umstand, dass Leistungen für seelisch behinderte junge Menschen im Hinblick auf die pädagogischen Anteile umfangreicher ausgestaltet sind. Die Eingliederungshilfebehörde nach dem SGB IX ist ebenso wie das Jugendamt für Leistungen zur medizinischen Teilhabe, zur Teilhabe an Arbeit, Bildung und sozialen Teilhabe zuständig. Außerhalb des SGB VIII gilt für die Bewilligung der Leistungen das Gesamtplanverfahren und/oder das Teilhabeplanverfahren (vgl. Abschnitt I.2.6 Teilhabeplanung im Rahmen der Eingliederungshilfe, § 19 SGB IX). Im Übrigen kann auf die obigen Ausführungen insofern verwiesen werden.

6.2 Kollision mit dem SGB VIII

Streng genommen gibt es hier keine Kollision, da das SGB VIII noch keine Eingliederungshilfe für junge Menschen mit körperlicher und/oder geistiger Behinderung vorhält; diese jungen Menschen werden stets der Sozialhilfe zugewiesen (§ 10 Abs. 4 Satz 2 SGB VIII). Liegt allerdings sowohl eine geistige und/oder körperliche Behinderung bzw. Sinnesbeeinträchtigung, als auch eine seelische Behinderung vor, so richtet sich die Hilfe einheitlich nach dem SGB IX, § 10 Abs. 4 Satz 1. Ab 2028 wird es dieses Problem voraussichtlich nicht mehr geben, da soll dann das Jugendamt für alle Arten von Behinderung bei jungen Menschen zuständig sein.

6.3 Eingliederungshilfe und Migration

Bei Leistungen der Eingliederungshilfe ist zu beachten, dass der Zugang für Menschen ohne deutschen Pass hier je nach Aufenthaltsstatus gem. § 100 SGB IX eingeschränkt ist. Leistungen können nur Personen mit einer Niederlassungserlaubnis oder einer befristeten Aufenthaltserlaubnis verlangen, sofern sie sich voraussichtlich dauerhaft im Bundesgebiet aufhalten werden. Im Übrigen steht die Gewährung dieser Leistung im Ermessen der Eingliederungshilfebehörde. Menschen, die dem Asylbewerberleistungsgesetz unterliegen, sind vom Bezug von Leistungen der Eingliederungshilfe ausgeschlossen, § 100 Abs. 2 SGB IX. Über § 6 AsylbLG kann in Ausnahmefällen doch noch eine Leistung gewährt werden, aber diese steht dann im Ermessen des Sozialhilfeträgers. Gem. § 6 Abs. 2 AsylbLG gibt es eine Ausnahme: Personen, die eine Aufenthaltserlaubnis gemäß § 24 Abs. 1 des Aufenthaltsgesetzes besitzen und die besondere Bedürfnisse haben, wie beispielsweise unbegleitete Minderjährige oder Personen, die Folter, Vergewaltigung oder sonstige schwere Formen psychischer, physischer oder sexueller Gewalt erlitten haben, wird die erforderliche medizinische oder sonstige Hilfe gewährt. Dies umfasst auch Leistungen zur Eingliederungshilfe. Unter § 24 AufenthG fallen Personen, die aufgrund einer Entscheidung des europäischen Rates unter besonderen Schutz gestellt werden. Hierunter fallen in der Regel Geflüchtete aus der Ukraine.

Zu beachten ist hier aber auch, dass gemäß § 2 AsylbLG diejenigen, die sich seit 18 Monaten ohne wesentliche Unterbrechung im Bundesgebiet aufhalten und die Dauer des Aufenthalts nicht rechtsmissbräuchlich selbst beeinflusst haben, Leistungen entsprechend dem SGB XII beanspruchen können. Über etwaige Streitigkeiten entscheidet das Sozialgericht.

6.4 Umsetzung und Verfahren der Leistungsgewährung nach §§ 53 ff. SGB XII

Die Umsetzung und das Verfahren für die Leistungsgewährung der Eingliederungshilfe richtet sich im Wesentlichen nach dem SGB IX (vgl. nächster Abschnitt Pkt. 8). Besonderheiten ergeben sich bei der Eingliederungshilfe dadurch, dass es hier das in Abschnitt I.2.f. (Teilhabeplanung im Rahmen der Eingliederungshilfe, § 19 SGB IX) besprochene Teilhabeplanverfahren gibt. Ansonsten gibt es besondere Verfahrensvorschriften für den Fall, dass sogenannte Rehabilitationsleistungen beantragt werden. Das sind solche nach § 35a SGB VIII, aber auch nach § 99 SGB IX. Diesbezügliche Besonderheiten werden im Folgenden ebenfalls dargestellt.

Grundsätzlich richtet sich das Verfahren nach dem SGB X und ergänzend nach dem SGB I. Für den Bereich der Eingliederungshilfe kommen noch die Regelungen der §§ 14 ff. SGB IX hinzu. Für das Verwaltungsverfahren macht es keinen Unterschied, ob die Leistungsberechtigten mit dem Jugendamt oder mit dem Sozialamt zu tun haben. Die Regelungen zum Sozialverwaltungsverfahren gelten für beide. Sollte aber später geklagt werden (müssen), ergeben sich Unterschiede, denn: Eine Klage gegenüber dem Jugendamt müsste vor dem Verwaltungsgericht betrieben werden, eine Klage gegenüber dem Sozialamt ginge zum Sozialgericht.

7. Antrag auf Leistungen: Verfahren, Fristen, Widerspruchsverfahren im SGB VIII, IX und X

a) Antragstellung

Wenn eine Hilfe erstmalig beantragt wird oder eine Verlängerung einer auslaufenden Hilfe beantragt wird, sollte der Antrag genau im Hinblick auf die oben (in Abschnitt I.6.1 Voraussetzungen der Eingliederungshilfe nach dem SGB XII/SGB IX) genannten Voraussetzungen begründet werden. Im Einzelnen sind die persönliche Situation und der Unterstützungsbedarf darzustellen. So können z. B. Schwierigkeiten im Umgang mit Geld oder der Wunsch nach Begleitung in anderen Lebensbereichen genau beschrieben werden. Auch sind Ausführungen zu der Situation im sozialen Umfeld sinnvoll. Hier ist es ratsam, entsprechende Berichte von Betreuer*innen, Eltern, Verwandten, Lehrer*innen, Trainer*innen, folglich schlicht allen Personen, die von dritter Seite die Situation des jungen Menschen darstellen können, beizufügen.

Hierbei ist es anzuraten, den Antrag beim zuständigen Jugendamt/Sozialamt schriftlich zu stellen und entsprechend zu begründen. Es kommt im Wesentlichen darauf an, die eigene Lebenssituation und den Unterstützungsbedarf so darzustellen, dass sich die zuständigen Mitarbeiter*innen im Jugendamt/Sozialamt ein ausreichendes Bild von der Lebenssituation der jungen Menschen machen können.

Anträge möglichst schriftlich stellen mit Empfangsbestätigung

Der Antrag wird natürlich nur bearbeitet, wenn er auch beim Jugendamt/Sozialamt eingegangen ist. Um dies auch nachweisen zu können, gibt es mehrere Möglichkeiten. Die sicherste Methode ist es, den Antrag bei der Behörde einfach abzugeben und sich dort den Empfang bestätigen zu lassen. Ausreichend ist es auch, wenn das Schreiben unter Zeug*innen oder durch eine*n Zeug*in beim Amt eingeworfen wird. Zeug*innen können alle anderen sein mit Ausnahme des*der Antragsteller*in selbst. Es ist empfehlenswert, den Antrag schriftlich zu stellen. Aber grundsätzlich ist der Antrag auf Jugendhilfe formfrei, d.h., es müssen keine vorgefertigten Formulare bei der Antragstellung verwendet werden. Der Antrag kann somit auch mündlich, z. B. bei einer Hilfekonferenz oder bei einem Besuch im Jugendamt/Sozialamt, gestellt werden.

b) Entscheidung über den Antrag

Auch für eine Ablehnung bedarf es keiner Form. Das Jugendamt/Sozialamt kann auch mündlich entscheiden. Die Behörde kann den Antrag beispielsweise einfach im Gespräch ablehnen. In so einem Fall empfiehlt es sich, vom Jugendamt/Sozialamt zu verlangen, dass die Entscheidung schriftlich erteilt wird. Hierauf besteht aus § 33 Abs. 2 Satz 2 SGB X in der Regel ein Anspruch, wenn die Betroffenen hieran ein berechtigtes Interesse haben. Hiervon ist auszugehen, da gerade von der Fortsetzung einer Jugendhilfeleistung/Eingliederungshilfe viel für den jungen Menschen abhängt. Die schriftliche Bescheidung muss beantragt werden. Gleichzeitig sollte verlangt werden, dass die Entscheidung auch begründet wird. Die Begründung ist wichtig, um überprüfen zu können, ob die Entscheidung richtig ist. Für den Fall, dass man mit der Entscheidung nicht einverstanden ist, sollten die Gründe der Entscheidung genau geprüft werden, um ggf. einen Widerspruch gegen die Entscheidung formulieren zu können. Es besteht gem. § 35 Abs. 1 SGB X eine Pflicht der Behörde, die schriftliche Entscheidung zu begründen. Die Begründung muss die wesentlichen tatsächlichen und rechtlichen Erwägungen enthalten, die die Grundlage der Entscheidung darstellen. Allerdings kann ein Verstoß gegen die Begründungspflicht von dem Amt nachgeholt werden. Ob die Ablehnung schriftlich oder mündlich erfolgt, in jedem Falle kann hiergegen mit den vorher beschriebenen Rechtsbehelfen (Widerspruch oder Klage) vorgegangen werden.

Zulässige Dauer der Entscheidung über einen Antrag im Jugend- und Sozialhilferecht

Grundsätzlich gibt es für die Bearbeitung von Anträgen keine zeitlichen Vorgaben. Allerdings kann prinzipiell nach drei Monaten erwartet werden, dass das Jugendamt bzw. das Sozialamt über die Sache entscheidet. Aber im Bereich des Rehabilitationsrechts gelten abweichend kürzere Fristen! Dies ist für Leistungen der Eingliederungshilfe, nach § 35a SGB VIII oder auch nach den §§ 99 ff. SGB IX, relevant, siehe hier den nächsten Abschnitt.
Der rechtliche Grund hierfür ist folgender: Der*Die Antragsteller*in kann Klage auf die beantragte Jugendhilfeleistung vor dem Verwaltungsgericht erheben, wenn das Amt ohne ausreichenden Grund in angemessener Frist sachlich nicht entschieden hat (§ 75 VwGO).

Ein sachlicher Grund könnte hier eine besonders umfangreiche Bearbeitung sein, z. B. ein aufwendiges Hilfeplanverfahren o. Ä. Die Klage selbst kann frühestens nach drei Monaten erhoben werden. Allein die Drohung mit einer entsprechenden Klage kann die Bearbeitung beschleunigen. Aber auch die Klage selbst erhöht den Druck.

Entsprechendes gilt für die Klage gegen das Sozialamt. Allerdings ist hier die Klage vor dem Sozialgericht zu erheben. Ist über den Widerspruch nicht innerhalb von drei Monaten entschieden, kann die Klage vor dem Sozialgericht erhoben werden. Ist ein Widerspruchsverfahren nicht vorgesehen, erhöht sich die Frist auf sechs Monate (§ 88 SGG). Da das Gerichtsverfahren bei Jugendhilfe- und Sozialhilfeangelegenheiten gerichtskostenfrei ist (§ 188 VwGO, § 183 SGG), besteht auch nur ein geringes Kostenrisiko, wenn die Klage ohne Anwält*in erhoben wird. Sollte die Behörde keinen ausreichenden Grund für die verzögerte Bearbeitung haben, muss die Behörde die Kosten des*der Antragsteller*in, insbesondere hier die Anwaltskosten, sogar tragen (§ 161 Abs. 3 VwGO; § 193 SGG).
Aber auch wenn das Jugendamt oder Sozialamt sich mit der Bearbeitung der Angelegenheit zu lange Zeit gelassen hat, heißt das nicht, dass damit der Antrag bewilligt werden muss.

c) Zuständigkeitsregelung und Bearbeitungsfristen (§ 14 ff. SGB IX)

Menschen mit Behinderung sind besonders schutzbedürftig. Ihnen soll schnell und effektiv geholfen werden. Das SGB IX sieht hier ein besonderes Verfahren zur Feststellung der Behinderung und Bewilligung von Leistungen vor. Dies gilt sowohl für die Eingliederungshilfen nach § 35a SGB VIII als auch für die oben beschriebene Leistung zu Eingliederungshilfe nach § 99 SGB IX.

Wichtig ist im Hinblick auf Leistungen für Menschen mit Behinderungen vor allem die Regelung des § 14 SGB IX. Es regelt das Verfahren der Zuständigkeitsklärung, aber auch Bearbeitungsfristen. Streitigkeiten über die Zuständigkeitsfrage einschließlich der Leistungserbringung bei ungeklärter Zuständigkeit oder bei Eilbedürftigkeit sollen nicht zulasten der behinderten Menschen bzw. der Schnelligkeit und Qualität der Leistungserbringung gehen. Durch eine schnelle Zuständigkeitserklärung soll das Verwaltungsverfahren verkürzt werden (Wiesner/Wapler 2022 vor § 35a Rz. 18). Es gelten auch abweichend kürzere Bearbeitungsfristen. Diese Regelungen gelten ausschließlich für den Bereich des Rehabilitations- und Teilhaberechts, hier insbesondere für die Eingliederungshilfen nach § 35a SGB VIII und §§ 99 ff. SGB IX. Sie gelten nicht für die übrigen Jugendhilfeleistungen! Im Bereich der Eingliederungshilfe handeln Jugendamt und Eingliederungshilfeträger/ Sozialamt als Rehabilitationsträger. Stellt sich allerdings im Nachhinein heraus, dass die antragstellende Person nicht behindert ist, dann gelten die nachfolgend genannten Fristen auch nicht mehr.

Zuständigkeitsklärung: 2-Wochen-Frist

Gem. § 14 Abs. 1 SGB IX hat der zuerst angegangene Rehabilitationsträger innerhalb von zwei Wochen seine Zuständigkeit nach dem speziellen Leistungsgesetz zu prüfen und sich für zuständig zu erklären. Hält er sich nicht für zuständig, muss er die Sache unverzüglich (also spätestens am nächsten Werktag) an den seines Erachtens zuständigen Träger verweisen. Der zweitangegangene Träger wird dann zuständig und kann seinerseits nur mit Zustimmung des eigentlich zuständigen Trägers an diesen weiter verweisen. Verweist der zuerst angegangene Rehabilitationsträger nicht innerhalb der 2-Wochen-Frist weiter, ist er zuständig (§ 14 Abs. 2 Satz 1 SGB IX). Dies steht unter dem Vorbehalt, dass der*die Antragsteller*in eine konkrete Leistung zur Teilhabe beantragt hat (u. a. Joussen 2019, § 14 Rz. 6, Jabben 2020, § 14 Rz. 7). Die festgelegte 2-Wochen-Frist ist eine Ausschlussfrist (Joussen 2019, § 14 Rz. 9). Sie ist in ihrem Lauf gehemmt, solange der*die Antragsteller*in mit der Erfüllung seiner*ihrer Mitwirkungspflichten nach den §§ 60 bis 65 SGB I im Verzug ist, er*sie insbesondere die angeforderten Unterlagen nicht beibringt. Der Antrag ist im Übrigen vollständig, wenn klar ist, wer den Antrag gestellt hat und welches konkrete Begehr die antragsstellende Person verfolgt.

Der nach § 14 SGB IX zuständige oder zuständig gewordene Rehabilitationsträger stellt als leistender Träger den Rehabilitationsbedarf unter Beachtung der Instrumentarien des § 13 SGB IX unverzüglich fest. Hat beispielsweise die Krankenkasse es versäumt, den Antrag auf Leistungen nach § 35a SGB VIII innerhalb der Frist an das zuständige Jugendamt abzugeben, bleibt es zuständig und muss das weitere Verfahren entsprechend den für die Eingliederungshilfe nach § 35a SGB VIII bestimmten Regeln abwickeln.

Konkrete Bearbeitungsfristen

§ 14 Abs. 2 SGB IX regelt ansonsten relativ kurze Bearbeitungsfristen. Grundsätzlich hat der Rehabilitationsträger ab Antragstellung drei Wochen Zeit, den Rehabilitationsbedarf festzustellen. Muss noch ein Gutachten eingeholt werden, verlängert sich diese Zeit um insgesamt vier Wochen. Sind Leistungen von verschiedenen Rehabilitationsträgern erforderlich, verlängert sich die Frist zur Entscheidung über den Bedarf auf sechs Wochen (§ 15 Abs. 4 SGB IX).

Der*Die Gutachter*in muss innerhalb von zwei Wochen das Gutachten erstellen und der Reha-Träger dann innerhalb von weiteren zwei Wochen über den Bedarf entscheiden (§ 14 Abs. 2 Satz 2-4 SGB IX). Hierzu hat der Rehabilitationsträger der antragstellenden Person drei wohnortnahe Gutachter*innen zu benennen (§ 17 SGB IX). Die Antragsteller*innen haben diesbezüglich ein Wahlrecht. Die weiteren zwei Wochen Zeit verbleiben dem Jugendamt, die Teilhabebeeinträchtigung zu ermitteln. Es schließt sich dann das Teilhabeplanverfahren nach § 19 SGB IX bzw. das Hilfeverfahren im Sinne des § 36 SGB VIII an.

Werden die Fristen versäumt, hat das zunächst keine weiteren Folgen für den Rehabilitationsträger Jugendamt oder den Eingliederungshilfeträger. Insbesondere gelten die beantragten Leistungen nach Fristablauf nicht als genehmigt. Allerdings kann nach Ablauf der Fristen ein Antrag auf gerichtliche Entscheidung gestellt werden, es kann eine Untätigkeitsklage erhoben werden. Sollte ein Gutachten nicht fristgerecht erstellt werden können, können die Leistungsberechtigten selbst eines auf Kosten des Rehabilitationsträgers in Auftrag geben und sich die Kosten erstatten lassen.

II. Geldleistungen, Sozialleistungen, Unterstützung und Unterhalt

Junge Menschen haben wenig Geld. Meistens haben sie beim Verlassen der Jugendhilfe noch keine Berufsausbildung abgeschlossen, orientieren sich noch oder gehen keiner Beschäftigung nach. Sie sind i. d. R. auf finanzielle Unterstützung angewiesen. Grundsätzlich sind die Eltern hierfür zuständig. Sie müssen dem Kind Unterhalt geben. Allerdings gilt dies nicht grenzenlos. Außerdem können viele Eltern dies nicht. Für diesen Fall gibt es verschiedene Sozialleistungen, aber auch andere Unterstützungsleistungen, die sie beanspruchen können. Es gibt aber auch Fallkonstellationen, in denen niemand Geldleistungen an den jungen Menschen zahlt und er*sie dazu verpflichtet ist, sich ganz oder zum Teil selbst zu finanzieren.

1. Hilfen zum Lebensunterhalt, staatliche Leistungen allgemein

Nur der*diejenige bekommt staatliche Leistungen, der*die sich nicht selbst versorgen kann. Der Staat legt fest, wie viel der*die Einzelne zum Leben nötig hat (Existenzminimum) und zahlt ihm*ihr diesen Betrag, soweit dieser nicht durch eigenes Einkommen oder Vermögen gedeckt ist. Ausgehend von diesem Grundsatz regeln die verschiedenen Leistungsgesetze die Höhe des Bedarfs, der dem*der Einzelnen zugestanden wird. Die sog. Bedarfe sind unterschiedlich hoch, je nachdem, ob und in welcher Ausbildung man sich befindet. Im Rahmen von Leistungen nach dem SGB II spielt auch das Alter eine Rolle. Hinzu kommen dann für bestimmte Bedarfe, wie beispielsweise eine Behinderung, etwaige Zuschläge. Darüber hinaus werden Kosten der Unterkunft als Bedarf anerkannt. Im Bereich der Ausbildungsförderung werden diese pauschaliert finanziert, im Bereich des SGB II und der Grundsicherung in tatsächlicher Höhe, sofern die Kosten angemessen sind.

Eigenes Einkommen und Unterhaltsansprüche haben Vorrang vor staatlichen Leistungen

Wenn Hilfe zum Lebensunterhalt bei einem Sozialleistungsträger beantragt wird, wird zunächst das bereinigte Einkommen und ggf. auch vorhandenes Vermögen berücksichtigt. In der Regel wird auch noch das Einkommen der unterhaltsverpflichteten Eltern oder Ehegatt*innen herangezogen. In Höhe der Differenz zwischen dem Bedarf und den Einkommen, ggf. dem Vermögen und Unterhaltsanspruch, besteht dann ein Anspruch auf Geldleistungen.
Beispiel: Ein junger Mensch hat einen Anspruch auf BAföG im Rahmen einer schulischen Ausbildung oder eines Studiums. Bei einem zugrunde gelegten Bedarf in Höhe von 832,00 Euro und einem bereinigten anrechnungspflichtigen eigenen Einkommen von 200,00 Euro und Unterhaltsleistungen seitens der Mutter in Höhe von 400,00 Euro erhält er vom Amt für Ausbildungsförderung Leistungen in Höhe von 232,00 Euro.
(Dieses Beispiel ist exemplarisch, es legt nicht den aktuellen BAföG-Satz zugrunde.)

Im Bereich der stationären Erziehungshilfe wird zunächst ohne Berücksichtigung von Einkommen und Vermögen geleistet. Erst im Nachgang wird dies im Rahmen der Kostenheranziehung bei den Kosten der Unterbringung berücksichtigt. Der junge Mensch bzw. seine Eltern haben dann je nach Einkommen (bzw. Vermögen) zu den Kosten beizutragen (vgl. Abschnitt II.3.c Kostenheranziehung).

Ob und wenn ja welche Leistungen beansprucht werden können, hängt natürlich von der eigenen Leistungsfähigkeit ab. Verdient jemand selbst ausreichend Geld, gibt es in der Regel keinen Grund, von anderen etwas zu beanspruchen. Ansonsten hängt der Anspruch auf Sozialleistungen oder Unterhalt davon ab, ob sich ein junger Mensch in einer Ausbildung befindet oder eben nicht. Hieran sind jeweils unterschiedliche Leistungssysteme angeknüpft.

Unterschiedliche Anspruchsgrundlagen auf Hilfe zum Lebensunterhalt während der Ausbildung

Je nach Anspruchssystem differiert die Höhe des zugrunde gelegten Bedarfs für eine Hilfe zum Lebensunterhalt sowie Form und Umfang der Einkommens- und Vermögensberücksichtigung. Dabei kann sich der*die Einzelne nicht aussuchen, nach welchem Regelungssystem er*sie Leistungen erhalten möchte. Vielmehr sind diese klar abgegrenzt. Menschen in Ausbildung erhalten grundsätzlich bei einer schulischen bzw. universitären Ausbildung BAföG oder bei einer betrieblichen (dualen) Ausbildung Berufsausbildungsbeihilfe (BAB).
Sollte dies nicht für den monatlichen Lebensunterhalt ausreichen, erhalten Auszubildende, die BAB berechtig sind oder dem Grunde nach erhalten könnten, ergänzend Leistungen nach dem SGB II. Schüler*innen und Student*innen, die bei ihren Eltern leben, erhalten bei Bedarf ebenfalls ergänzend Leistungen nach dem SGB II. Studierende, die einen eigenen Haushalt führen, erhalten nur BAföG und ggf. Sonderleistungen nach dem SGB II. Schüler*innen oder Studierende, die wegen der Einkommensanrechnung oder aus anderen Gründen (z. B. nicht förderungsfähige Zweitausbildung) kein BAföG erhalten, können keine Leistungen nach dem SGB II erhalten, da sie dem Arbeitsmarkt nicht zur Verfügung stehen. Da die Leistungen zur Ausbildungsförderung Sonderbedarfe und „besondere Lebenslagen“ nur im geringen Umfang kennt, gibt es unter speziellen Voraussetzungen die Möglichkeit, neben dem BAföG über § 27 SGB II auch einzelne Leistungen nach dem SGB II zu erhalten (vgl. Abschnitt II.5.3 Ausbildung und SGB II, spezielle Förderung nach § 27).

Im Folgenden werden neben den zivilrechtlichen Unterhaltsansprüchen jene Leistungsansprüche in der Kinder- und Jugendhilfe selbst, aber auch Ansprüche auf Unterstützungsleistungen während der Ausbildung beschrieben. Da diese Leistungen oft nicht ausreichen, gibt es häufig einen Anspruch auf ergänzende Leistungen nach dem SGB II, im Allgemeinen bis Ende 2022 als Arbeitslosengeld II (SGB II) bekannt. Seit einer Gesetzesreform werden die Leistungen zur Sicherung des Lebensunterhalts im Rahmen des SGB II seit dem 01.01.2023 als Bürger(*innen)geld bezeichnet.

2. Der familienrechtliche Unterhaltsanspruch

Grundsätzlich müssen Eltern ihre Kinder finanzieren, d. h., sie müssen für Nahrung, Unterkunft, Bildung und für schlicht alles Lebensnotwendige sorgen. Solange Unterhalt gezahlt werden kann und auch gezahlt wird, gibt es keine Ansprüche auf (Geld-)Leistungen von Sozialleistungsbehörden. Regelmäßig gewähren Eltern ihren minderjährigen Kindern dadurch Unterhalt, dass sie die Kinder in einem gemeinsamen Haushalt erziehen, betreuen und versorgen. Wenn dies aber nicht oder nicht mehr der Fall ist, richtet sich der Anspruch auf Geldleistungen. Unterhalt in Geld wird als Barunterhalt bezeichnet. Dies kommt in Betracht, wenn das Kind bei einem anderen Elternteil wohnt oder über eine eigene Wohnung verfügt. Unterhaltspflichten bestehen aber auch für Kinder gegenüber ihren Eltern, wie im Folgenden erläutert wird.

2.1 Allgemeine Unterhaltspflichten

Verwandte gerader Linie sind einander zum Unterhalt verpflichtet. Das heißt, Eltern müssen ihren Kindern und Kinder ihren Eltern Mittel zur Bestreitung des Lebensunterhalts zur Verfügung stellen. Der Unterhaltsanspruch der Kinder gegenüber ihren Eltern soll uns im Rahmen dieses Bandes besonders interessieren, zudem die Unterhaltspflicht von Eltern gegenüber ihren minderjährigen Kindern oder bereits erwachsenen Kindern während der Ausbildung weiter besteht.

Grundsätzlich setzt der Unterhaltsanspruch die Bedürftigkeit der Antragsteller*innen (hier in der Regel des jungen Menschen) und die Leistungsfähigkeit der in Anspruch genommenen Eltern voraus. Die Bedürftigkeit ist immer dann gegeben, wenn der*die Betroffene weder aus zumutbarer Arbeit noch aus Vermögenseinkünften noch aus sonstigen Einkünften seinen*ihren Lebensunterhalt hinreichend bestreiten kann. Leistungsfähig ist die Person, die in der Lage ist, anderen Unterhalt zu gewähren, ohne dabei seinen*ihren eigenen, angemessenen Unterhalt zu gefährden. Es wäre niemandem geholfen, wenn der*die Unterhaltsverpflichtete durch die Zahlung selbst so verarmt, dass er*sie auf Sozialleistungen angewiesen ist. Die Leistungsfähigkeit bemisst sich hierbei nicht stets danach, was der*die Verpflichtete an tatsächlichen Einkünften hat, sondern auch danach, was er*sie bei zumutbarem Einsatz seiner*ihrer Arbeitskraft erzielen könnte. Notfalls muss er*sie sich um eine angemessene Arbeit kümmern. Die Höhe des Unterhaltsanspruchs bemisst sich in der Praxis an Unterhaltstabellen, die von den Oberlandesgerichten erstellt werden (z. B. Düsseldorfer Tabelle, aktuell für das Jahr 2024: https://www.olg-duesseldorf.nrw.de/infos/Duesseldorfer_Tabelle/Tabelle-2024/2023_12_11_Duesseldorfer_Tabelle_-2024.pdf).

Der Unterhalt umfasst den gesamten Lebensbedarf, also Nahrung, Wohnung, Gesundheitssorge, gesellschaftliche Bedürfnisse und Freizeit. Er umfasst aber auch die Kosten einer angemessenen Schul- und Berufsausbildung. Das Maß, also insbesondere die Höhe des Unterhaltsanspruchs, bemisst sich einerseits an der Höhe der Einkünfte des*der Unterhaltsverpflichteten. Wichtig sind aber auch die Lebensverhältnisse des*der Bedürftigen. Ist Schulgeld zu zahlen oder ist die Ausbildungsstelle nur mit einem teureren Verkehrsmittel zu erreichen, haben die insofern anfallenden Kosten Einfluss auf die Höhe des Unterhalts.

Der Unterhaltsanspruch ist nicht nur auf laufende Leistungen beschränkt. Grundsätzlich können auch für die Vergangenheit Unterhaltsansprüche geltend gemacht werden. Regelmäßig können Unterhaltsansprüche rückwirkend ab dem Zeitpunkt geltend gemacht werden, ab dem der*die Verpflichtete zur Auskunft über sein*ihr Einkommen aufgefordert wurde oder er*sie sich mit der Zahlung im Verzug befunden hat (§ 1613 BGB).

Anteilige Unterhaltsansprüche und -pflichten

Wenn mehrere Personen unterhaltspflichtig sind, wird der Unterhaltsanspruch ihnen gegenüber entsprechend ihrer Einkommenssituation aufgeteilt. Beispiel: Sind die getrennt lebenden Eltern dem volljährigen, allein lebenden Kind gegenüber zum Unterhalt verpflichtet und hat der Vater ein doppelt so hohes Einkommen wie die Mutter, so zahlt er von dem Unterhalt des Kindes zwei Drittel, die Mutter nur ein Drittel. Andererseits bedarf es auch einer Verteilung, wenn der*die Unterhaltspflichtige mehrere Unterhaltsschuldner*innen hat, z. B., wenn mehrere Kinder gegenüber den Eltern Unterhaltsansprüche haben. Hier gibt es zwischen den Anspruchsberechtigten gem. § 1609 BGB eine Rangfolge. Berechtigte auf Unterhalt gleichen Rangs werden gleichbehandelt, Anspruchsberechtigte niederen Ranges müssen sich das aufteilen, was übrig bleibt.

Der Unterhaltsanspruch ist gemindert oder ganz ausgeschlossen, wenn die Zahlung für den*die Verpflichtete*n eine Härte darstellen würde (§ 1611 BGB). Dies ist anzunehmen,

- wenn der*die Unterhaltsbedürftige sich einer schweren Verfehlung zu Lasten des*der Unterhaltsgläubiger*in oder eines seiner*ihrer Angehörigen schuldig gemacht hat. Dies wird dann angenommen werden müssen, wenn der*die Bedürftige den*die Unterhaltsverpflichtete*n vorsätzlich verletzt oder eine andere Straftat zu dessen Lasten begangen hat. Ausreichend dürfte aber auch eine schwere Beleidigung sein. Nicht ausreichend für den Härteeinwand ist es hingegen, wenn das Kind keinen Kontakt zu dem*der Unterhaltsverpflichteten wünscht und ihn*sie auch nicht bei der Entscheidung über die zu wählende Ausbildung einbezieht.
- wenn sich der*die Anspruchssteller*in „durch vorwerfbares sittliches Verschulden" selbst in die Lage gebracht hat, Unterhalt beanspruchen zu müssen. Dies wird dann angenommen, wenn der*die Anspruchssteller*in sich in der Vergangenheit selbst versorgen konnte, sein*ihr Geld dann aber verspielt oder z. B. durch eine Drogensucht etc. verloren hat.
- wenn sich der*die Bedürftige in der Vergangenheit selbst seinen*ihren Unterhaltspflichten entzogen hat.

Auf den Härteeinwand kann sich der*die Unterhaltspflichtige gegenüber einem*einer Minderjährigen nicht berufen (§ 1611 Abs. 2 BGB). Es ist auch grundsätzlich nicht möglich, vertraglich auf den Unterhalt für die Zukunft zu verzichten (§ 1614 Abs. 1 BGB). Der*Die Unterhaltsbedürftige kann trotz vertraglichem Verzicht den Unterhalt für die Zukunft verlangen. § 1603 Abs. 2 BGB verpflichtet die Eltern im Bedarfsfall zu einem möglichst effektiven Einsatz ihrer Arbeitskraft. In der Praxis belässt man den Eltern den notwendigen Unterhalt. Die Höhe wird jährlich angepasst und richtet sich danach, ob die Unterhaltsschuldner*innen erwerbstätig sind oder nicht.[5]

2.2 Gesteigerte Unterhaltspflicht von Eltern gegenüber ihren Kindern

Eltern sind ihren Kindern gegenüber unterhaltspflichtig. Höhe und Voraussetzungen sind jedoch unterschiedlich, je nachdem ob die Kinder minderjährig oder ihnen gleichgestellt sind oder nicht. Volljährige Kinder haben nur einen Anspruch auf Unterhalt, wenn sie sich in der Ausbildungsphase befinden.

---

[5] Für nicht Erwerbstätige beträgt der notwendige Selbstbehalt aktuell 1.200,00 Euro, für Erwerbstätige 1.450,00 Euro (Stand 01.01.2024).

a) Minderjährige Kinder oder volljährige gleichgestellte Kinder

Die Unterhaltspflicht von Eltern für minderjährige Kinder ist gesteigert. Es verlangt schon das Prinzip der elterlichen Verantwortung, den Lebensbedarf des minderjährigen Kindes sicherzustellen. Der Elternteil, der das Kind betreut, erfüllt in der Regel schon durch seine*ihre Pflege- und Erziehungsleistung seine*ihre Unterhaltspflicht. Dem gleichgestellt sind volljährige Kinder bis zum 21. Geburtstag, sofern sie sich in Ausbildung befinden und im elterlichen Haushalt leben (§ 1609 N1. 1 i. V. m. 1603 Abs. 2 Satz 2 BGB). Minderjährige und ihnen gleich gestellte Kinder sind vorrangig zum Unterhalt berechtigt. Sie sind vorrangig vor den Ehegatten und anderen Kindern unterhaltsberechtigt. Haben die Unterhaltsverpflichteten nicht genügend Einkommen, um den*die Ehegatt*in, ein minderjähriges Kind und ein volljähriges anderes Kind zu unterhalten, muss er*sie zunächst den Unterhalt des minderjährigen Kindes sichern. Wenn die Unterhaltsverpflichteten dann noch leistungsfähig sein sollten, müssen sie zunächst ihren*ihre Ehepartner*in und dann die weiteren Kinder unterhalten.

Besonderer Schutz eines minderjährigen Kindes bei der Unterhaltspflicht

Die gesteigerte Unterhaltspflicht hat zur Folge, dass das Kind für seinen Lebensunterhalt nur sein eigenes Einkommen, aber nicht das eigene Vermögen (den sog. Vermögensstamm) einsetzen muss. Das Kind ist auch nicht verpflichtet, durch eigene Arbeit zum Lebensunterhalt beizutragen, da dies das Erziehungs- oder Bildungsziel beeinträchtigen könnte. Etwas anderes gilt dann, wenn ein Nebenerwerb neben der Ausbildung ohne Weiteres möglich erscheint.

b) Unterhaltspflichten gegenüber volljährigen Kindern

Gegenüber volljährigen Kindern, die nicht zu Hause leben, das 21. Lebensjahr vollendet haben und sich in einer Ausbildungs- oder Orientierungsphase befinden, sind die Eltern zwar grundsätzlich ebenfalls unterhaltsverpflichtet. Allerdings ist die Unterhaltspflicht nicht gesteigert und die Kinder grundsätzlich verpflichtet, sich selbst um ihren Lebensunterhalt zu kümmern. Den Unterhaltsverpflichteten steht in diesen Fällen ein höherer, angemessener Eigenbedarf (aktuell 1750,00 Euro) zu. Volljährige Kinder sind im Unterhaltsrang gem. § 1609 Nr. 4 BGB hinter minderjährigen Kindern und Ehegatten eingeordnet (s. o.).

Der Anspruch auf Unterhalt setzt aber voraus, dass sich das Kind in einer Ausbildung befindet. Andernfalls hat es sonst selbst zum eigenen Lebensunterhalt beizutragen. Die Eltern schulden dem Kind grundsätzlich die Finanzierung einer begabungs- und neigungsgerechten Ausbildung, die es dem Kind ermöglicht, auf eigenen Beinen zu stehen. Hierbei wird von dem Kind erwartet, dass es die Ausbildung zielstrebig betreibt. Eine nachhaltige Vernachlässigung des Studiums oder der Ausbildung führt zum Verlust des Unterhaltsanspruchs. Allerdings müssen die Eltern eine vom Kind zu verantwortende Verlängerung der Ausbildungszeit (z. B. wegen einer Krankheit) akzeptieren und es weiter finanzieren. Das Kind hat allerdings einen Anspruch, dass man ihm eine kurze Phase der Berufsorientierung finanziert. Ein Unterhaltsanspruch kann nach dem Abbruch einer Ausbildung für eine weitere, der Neigung und Begabung besser entsprechende Ausbildung bestehen. Schließlich kann auch die Finanzierung einer Zweitausbildung verlangt werden, wenn diese im Einzelfall auf der ersten aufbaut.

Die Höhe des Unterhaltsanspruchs richtet sich nach der Düsseldorfer Tabelle (siehe oben). Je höher das Einkommen der Eltern, desto höher auch der Anspruch des Kindes auf Unterhalt. Für Kinder in der Ausbildung herrscht eine leicht zurückhaltende Tendenz bei der Festlegung der Bedarfshöhe. Für Studierende orientiert sich der Gesamtunterhaltsbedarf an den BAföG-Sätzen und wird der Höhe nach aber in der jeweils aktuellen Düsseldorfer Tabelle ausgewiesen.[6] Sollte das Einkommen des Unterhaltspflichtigen nach der Tabelle einen höheren Wert ausweisen, ist der Anspruch des Studierenden dennoch beschränkt, es sei denn, es liegen besondere Umstände vor. Eigenes Einkommen wird entsprechend angerechnet. Für andere Auszubildende soll ein entsprechender Ausbildungsbedarf angesetzt werden. Hier soll ein Teil[7] der Ausbildungsvergütung anrechnungsfrei bleiben.

---

6 Dieser liegt aktuell (01.01.2024) bei 930,00 Euro.
7 Dieser Betrag beläuft sich aktuell (01.01.2024) auf 100,00 Euro.

2.3 Höhe des Unterhalts

Die Höhe des Unterhalts orientiert sich an den konkreten Verhältnissen des Einzelfalles, in der Praxis jedoch an den Unterhaltstabellen, insbesondere an der Düsseldorfer Tabelle. Je nachdem, wie hoch das Einkommen des*der Unterhaltsverpflichteten ist, lässt sich die Unterhaltshöhe der aktuellen Tabelle entnehmen. Bei der Höhe des Unterhalts ist noch das Kindergeld zu berücksichtigen. Bei Getrenntlebenden erhält das Elternteil das Kindergeld, bei dem das Kind tatsächlich lebt. Geht es um den Unterhaltsanspruch gegenüber dem anderen Elternteil, so wird der Anspruch auf Unterhalt um das hälftige Kindergeld gekürzt (§ 1612b BGB). Bei volljährigen Kindern wird das Kindergeld, das sie erhalten, voll von dem Unterhaltsanspruch in Abzug gebracht.

Für minderjährige Kinder gibt es einen gesetzlich festgelegten Mindestunterhalt (§ 1612a BGB). Diesen Unterhalt müssen Eltern – die Leistungsfähigkeit vorausgesetzt – mindestens zahlen. Die Höhe wird durch Rechtsverordnung festgelegt. Der Unterhaltsanspruch kann in einem vereinfachten Verfahren geltend gemacht werden. Er wird jedes Jahr neu bestimmt und ist nach drei Altersstufen (bis zur Vollendung des 6., des 12. und des 18. Lebensjahres) aufgegliedert. Er orientiert sich am Existenzminimum.

2.4 Art des Unterhalts

Den Unterhalt für minderjährige, unverheiratete Kinder begreift das Gesetz vor allem als Pflege und Sorge für das Kind. Es wird davon ausgegangen, dass das Kind im elterlichen Haushalt wohnt und dort auch versorgt wird. Gleichwohl schuldet bei Trennung der Eltern das Elternteil, bei dem das Kind nicht wohnt, Barunterhalt.

Bei unverheirateten Kindern können die Eltern, bzw. das unterhaltsverpflichtete Elternteil, eine abweichende Art der Unterhaltsgewährung gem. § 1612 Abs. 2 Satz 1 BGB bestimmen. Sie können insbesondere bestimmen, dass sie den Unterhalt in Naturalien leisten, d. h. in Form von Essen und Kleidung. Sie können somit verlangen, dass das Kind von ihnen zu Hause versorgt wird. Bei diesem einseitigen Bestimmungsrecht haben die Eltern die Interessen des Kindes angemessen zu berücksichtigen.

Wahrung der Interessen des Kindes bei der Art der Unterhaltsgewährung

Nehmen die Eltern bei der Bestimmung der Unterhaltsgewährung nicht die gebotene Rücksicht auf das Kind, kann das Familiengericht auf Antrag des Kindes eine abweichende Bestimmung treffen. Insbesondere bei jahrelanger Entfremdung, bei Gewalt in der Familie, aber auch bei weiter Entfernung zwischen Ausbildungsstätte und Familienhaushalt wird man das Kind nicht auf den elterlichen Haushalt verweisen können.

2.5 Durchsetzung des Unterhaltsanspruchs

Die Höhe des Unterhaltsanspruchs hängt maßgeblich vom Einkommen des*der Unterhaltsverpflichteten ab. Will ein Kind gegen seine Eltern oder einen Elternteil einen Unterhaltsanspruch geltend machen und auch der Höhe nach beziffern, muss es wissen, wie hoch deren Einkommen und Vermögen ist. Gem. § 1605 BGB haben die Anspruchssteller*innen gegenüber dem*der Unterhaltsverpflichteten einen Anspruch auf Auskunft. Sie können von dem*der Verpflichteten die Vorlage von aussagekräftigen Einkommensunterlagen verlangen, hierzu gehören insbesondere Lohnbescheinigungen. Es sind alle Unterlagen vorzulegen, die für die Berechnung des Unterhalts erforderlich sind. Der*Die Unterhaltsberechtigte kann von dem*der anderen verlangen, dass er*sie seine*ihre Angaben an Eides statt versichert. Diesen Anspruch kann der*die Unterhaltsberechtigte vor dem Familiengericht geltend machen. Sobald ihm*ihr die entsprechenden Angaben über Einkommen und Vermögen vorliegen, berechnet er*sie den ihm*ihr zustehenden Unterhaltsanspruch und macht diesen geltend.

Wenn sich der Anspruch tatsächlich nicht realisieren lässt (z. B. der Vater ist nicht auffindbar oder weigert sich zu kooperieren), können Anträge auf Sozialleistungen, z. B. BAföG, unabhängig vom Einkommen des*der Verpflichteten gestellt werden. In diesem Falle gehen die Ansprüche auf Unterhalt eines*einer Unterhaltsberechtigten auf den Sozialleistungsträger über. Dies gilt allerdings nur für die Höhe, die er*sie auch tatsächlich geleistet hat. Der Sozialleistungsträger fordert den Unterhaltsanspruch gegenüber dem Elternteil ein und bemüht sich auch, diesen zu realisieren. Im Übrigen haben junge Volljährige gem. § 18 Abs. 4 SGB VIII gegenüber dem Jugendamt einen Anspruch auf Beratung und Unterstützung bei der Geltendmachung von Unterhalts- und Unterhaltsersatzansprüchen.

Sie können sich zur Unterstützung aber auch an eine*n Rechtsanwält*in wenden, die*der die Ansprüche ggf. auch gegenüber den Unterhaltsverpflichteten durchsetzt. Sollte der junge Mensch dies nicht selbst finanzieren können, kann er*sie Beratungshilfe und für einen etwaigen Prozess Verfahrenskostenhilfe beantragen.

Unterhaltsanspruch

Ein Unterhaltsanspruch gegenüber den Eltern besteht für Volljährige, die nicht mehr im Familienhaushalts wohnen, grundsätzlich nur, wenn sie sich in der ersten Ausbildung befinden. Können die Eltern nicht oder nicht ausreichend zahlen, entstehen Ansprüche der jungen Erwachsenen gegenüber dem Staat auf Ausbildungsunterstützung, sei es BAföG oder Berufsausbildungsbeihilfe (BAB). Müssen die Eltern nicht oder nicht mehr zahlen, weil das Kind sich nicht in der Ausbildung befindet oder die Ausbildung von den Eltern nicht gefördert wird, hat das Kind möglicherweise Ansprüche auf Leistungen nach dem SGB II, nach dem SGB XII oder auch ergänzend auf Wohngeld.

3. Wirtschaftliche Jugendhilfe

Bei einer Unterbringung außerhalb des Familienhaushalts wird der gesamte notwendige Unterhalt des jungen Menschen vom Jugendamt getragen (§ 39 Abs. 1 SGB VIII). Egal, ob jemand materiell bedürftig ist oder nicht, werden dem*der Minderjährigen oder jungen Volljährigen hierbei die Kosten zum Lebensunterhalt vom Jugendamt gezahlt. Grundsätzlich trägt das Jugendamt darüber hinaus die Kosten der Betreuung/Hilfemaßnahme. Erst im zweiten Schritt wird eine Kostenheranziehung der Eltern geprüft und ggf. auch durchgesetzt. Bei der „wirtschaftlichen" Jugendhilfe handelt es sich um eine Annexleistung zur stationären pädagogischen Hilfe. Diese Regelung gilt auch für Geflüchtete. Der § 39 SGB VIII geht dem AsylbLG vor. Diese bekommen im Rahmen der stationären Erziehungshilfe Hilfen zum Lebensunterhalt in gleicher Höhe wie junge Menschen mit deutschem Pass. Die finanzielle Ausstattung in der Jugendhilfe ist in jedem Fall besser als nach dem AsylbLG.

Voraussetzung für die Zahlung von Hilfe zum Lebensunterhalt ist immer, dass die Hilfen außerhalb des Familienhaushalts gewährt werden. Das ist immer dann der Fall, wenn die Betreuung durch Personen übernommen wird, die nicht zur eigenen Kernfamilie gehören. Das ist insbesondere der Fall bei den Hilfen nach § 33 SBG VIII (Vollzeitpflege), § 34 SGB VIII (Heimerziehung oder sonstige betreute Wohnform) oder in den Fällen des § 35 SGB VIII bzw. des § 35a SGB VIII, sofern die Hilfe stationär erfolgt. Das kann im Einzelfall auch die Vollzeitpflege durch Verwandte sein (z. B. Großeltern).

Sofern es sich um eine ambulante Hilfe handelt und der junge Mensch im Familienhaushalt verbleibt, entfällt der Vorrang des § 39 SGB VIII und die laufenden Hilfen werden nach allgemeinen Vorschriften erbracht (SGB II, XII, AsylbLG, BAföG, BAB u. a.). Dies wird weiter unten dargestellt.

3.1 Laufende Leistungen

Die gesamten Kosten, insbesondere auch die Kosten für Unterkunft und Verpflegung, werden vom Amt getragen. Das umfasst die laufenden Leistungen, aber auch einmalige Leistungen. Gerade die laufenden Kosten für den Lebensunterhalt werden über Regelsätze abgedeckt. Die Höhe der Leistungen wird von den Bundesländern bestimmt. Diese sollen auch einen angemessenen Barbetrag vorsehen. Dieser soll nach Altersstufen gestaffelt werden. Es können je nach Betreuungsform und Art der Verpflegung ein Taschengeld oder bei betreuten Wohngemeinschaften Leistungen entsprechend den Regelsätzen nach dem SGB II/XII vorgesehen werden.[8]

Im Hinblick auf den Gesetzeswortlaut müssen erhöhte Unterhaltsbedarfe bei besonderem Erziehungsbedarf durch landesrechtliche Vorschriften geregelt werden. Laufende Kosten umfassen Kosten der Ernährung, der Kleidung, der Körperpflege, Telefon u. a. Auch die Kosten der Unterkunft werden von den Ämtern übernommen, die in der Regel der Jugendhilfeträger direkt erhält. Wenn die Betreuung in einer eigenen Wohnung stattfindet, kann es auch zu einer Zahlung an den jungen Menschen selbst kommen. Für die Vollzeitpflege gibt es in § 39 Abs. 4–5 SGB VIII gesonderte Regelungen. Wird ein junger Mensch im Bereich eines anderen Jugendamtes untergebracht, wird sich an den Verhältnissen vor Ort orientiert. Bringt ein bayerisches Jugendamt einen jungen Menschen in Berlin unter, bekommt der junge Mensch die Leistungen, die das Berliner Landesrecht für ihn*sie vorsieht.

3.2 Einmalige Kosten

Auch einmalige Kosten können vom Jugendamt auf Antrag übernommen werden. Hier sind insbesondere zu nennen:

- Erstausstattung der Wohnung
- Anschaffung und Reparatur orthopädischer Schuhe, therapeutischer Geräte u. a.
- Erstausstattung für Bekleidung und Erstausstattung bei Schwangerschaft und Geburt
- Kosten für wichtige persönliche Anlässe, z. B. Konfirmation, Jugendweihe
- Urlaubs- und Ferienreisen, Besonderheiten des Einzelfalles im Übrigen

---

8 In Berlin ist dies in der AV Jugendhilfeunterhalt geregelt. Man orientiert sich hier an dem SGB XII. Bei einer Heimerziehung richtet sich die Höhe des Taschengeldes nach den für Heimunterbringung geregelten Taschengeldern. Müssen die jungen Menschen für die Verpflegung selbst sorgen, erhalten sie den Regelsatz eines Haushaltsvorstandes, für Mehrbedarfe gelten dann die Regelungen des SGB XII.

Das „System“ Jugendhilfe ist gerade bei der finanziellen Ausstattung der jungen Menschen vorteilhaft. Wegen des § 6 Abs. 2 SGB VIII findet auch für junge Geflüchtete eine weitgehende Gleichstellung mit den deutschen Jugendhilfeberechtigten statt. Außerhalb der Jugendhilfe gibt es im Bereich der Ausbildung noch Förderungen nach dem BAföG, die insbesondere Schüler*innen und Student*innen vorbehalten sind oder nach den §§ 59 ff. SGB III für Auszubildende. Diese können Menschen ohne deutschen Pass nur dann beanspruchen, wenn sie einen gesicherten Aufenthaltsstatus haben (im Einzelnen § 59 SGB III bzw. § 8 BAföG).

Bei ambulanten Hilfen richtet sich die Hilfe zum Lebensunterhalt regelmäßig nach dem SGB II, bei nicht erwerbsfähigen jungen Menschen nach dem SGB XII, bei geflüchteten jungen Menschen in der Regel nach dem AsylbLG.

3.3 Kostenheranziehung

Grundsätzlich werden Leistungen erbracht oder andere Aufgaben zugunsten des jungen Menschen wahrgenommen, ohne dass es hier auf die finanzielle Leistungsfähigkeit des jungen Menschen oder seiner*ihrer Eltern ankommt. Allerdings werden die Eltern der jungen Menschen an den Kosten von stationären und teilstationären Leistungen sowie der Inobhutnahme beteiligt. Eine Kostenbeteiligung für ambulante Hilfen findet grundsätzlich nicht statt. Die Eltern werden aus ihrem Einkommen herangezogen. Vormünder*innen werden selbstverständlich nicht zu den Kosten der Jugendhilfemaßname herangezogen; da sie zwar das Sorgerecht ganz oder teilweise ausüben, den jungen Menschen gegenüber aber nicht unterhaltspflichtig sind.

Eine Kostenheranziehung der jungen Menschen und ihrer Ehegatt*innen, die es lange Zeit gab, wurde zum 01.01.2023 abgeschafft.[9]

---

[9] https://www.der-paritaetische.de/alle-meldungen/ab-112023-wegfall-der-kostenheranziehung-fuer-junge-menschen-im-sgb-viii/; aufgerufen am 08.01.2024

Abschaffung der Kostenheranziehung aus Einkommen der jungen Menschen – andere staatliche Leistungen müssen z. T. abgegeben werden

Seit dem 01.01.2023 werden die jungen Menschen nicht mehr aus ihrem Einkommen zu den Kosten herangezogen. Das gilt auch für ihre Ehegatt*innen.[10]

ABER:

Sie müssen allerdings die von ihnen bezogenen – staatlichen – Leistungen, die dem gleichen Zweck wie die wirtschaftliche Jugendhilfe dient, abgeben (§ 93 Abs. 1 Satz 3 SGB VIII). Dies gilt u.a. für die Waisenrenten, aber auch für BAföG und BAB. Beide Leistungen sollen den Lebensunterhalt sicherstellen. Wenn der junge Mensch aber bereits Hilfe zu Lebensunterhalt als Annexleistung der Jugendhilfe erhält, dann muss er*sie etwaige Ausbildungsförderung direkt ans Jugendamt weiterreichen. Er*Sie ist auch verpflichtet, entsprechende Anträge auf Ausbildungsförderung zu stellen. Bei BAföG und BAB gibt es eine kleine Besonderheit: Aus dieser Sozialleistung sollen die Auszubildenden nicht nur ihren Lebensunterhalt, sondern auch die ausbildungsrelevanten Ausgaben, wie Bücher, Werkzeuge u.a. bestreiten. Dies ist insofern nicht deckungsgleich und hat zur Folge, dass die jungen Menschen 20 Prozent von BAföG oder BAB behalten dürfen, um im Rahmen der Ausbildung anfallende Ausgaben leisten zu können. Werden die ausbildungsrelevanten Kosten jedoch von den Jugendämtern als Einzelleistungen übernommen, muss die gesamte Ausbildungsförderung (BAföG oder BAB) an das Jugendamt abgeführt

10 Die Regelungen zur Kostenheranziehung wurden mehrfach reformiert. Die neue Rechtslage gilt für die Hilfezeiträume ab Inkrafttreten, also ab dem 01.01.2023. Für die Zeit bis dahin wurde nach altem Recht herangezogen. Gerade in der Zeit bis zur Reform im Rahmen des KJSG (10.06.2021) kam es zu vielen Falschberechnungen zulasten der jungen Menschen. Auch wenn dies schon länger her ist, können rückwirkend (bis zu vier Jahren) die damaligen Kostenheranziehungsbescheide überprüft werden. Zu viel gezahltes Geld der jungen Menschen können diese zurückfordern. Das Bundesnetzwerk Ombudschaft hat hierzu eine Handlungsanleitung mit Musterschreiben erarbeitet, https://ombudschaft-jugendhilfe.de/wp-content/uploads/OMBKJ-Rechtsgrundlagen_2020-04_15_web.pdf; aufgerufen am 08.01.2024.

werden. Kindergeld muss darüber hinaus stets im Rahmen der Kostenheranziehung abgegeben werden.
Es gibt noch eine weitere Verbesserung: Junge Menschen, die eine Berufsausbildungsbeihilfe oder ein Ausbildungsgeld nach SGB III erhalten, profitieren zusätzlich. Demnach werden die monatlichen Leistungen nach § 56 des Dritten Buches (Berufsausbildungsbeihilfe) bis zu einer Höhe des in § 61 Absatz 2 Satz 1 und § 62 Absatz 3 Satz 1 des Dritten Buches für sonstige Bedürfnisse genannten Betrages (aktuell 109,00 Euro) und monatliche Leistungen nach § 122 des Dritten Buches (Ausbildungsgeld) bis zu einer Höhe des in § 123 Satz 1 Nummer 2, § 124 Nummer 2 und § 125 des Dritten Buches genannten Betrages (aktuell 126,00 Euro) ebenfalls nicht herangezogen.
Erhalten die jungen Menschen selbst Kindergeld, muss dieses an das Jugendamt abgegeben werden. Die Kostenheranziehung erfolgt in Form eines Bescheides.

a) Einkommen (§ 93 SGB VIII)

Die Heranziehung erfolgt aus dem Einkommen. Maßgeblich ist das durchschnittliche Monatseinkommen, welches in dem der Hilfe vorangegangen Jahr erzielt wurde. Es gibt hier zugunsten der Kostenbeitragspflichtigen, also der Eltern, die Möglichkeit, einen Aktualisierungsantrag zu stellen (§ 93 Abs. 4 SGB VIII). Das Einkommen ist zu bereinigen. Von den Bruttoeinkünften sind Steuern, Sozialabgaben und Versicherungsbeiträge abzuziehen. Es erfolgt dann noch ein weiterer Abzug von 25 Prozent für weitere Belastungen in angemessenem Umfang, u. a. für andere Versicherungen, Werbekosten oder Schulden. Sollten die tatsächlichen Belastungen höher sein, dann sind die tatsächlich höheren Belastungen nachzuweisen und abzusetzen.

b) Vermögen

Im Gegensatz zur alten Rechtslage findet eine Kostenheranziehung aus dem Vermögen (der Eltern) nicht mehr statt.

c) Kostenheranziehung (§ 94 SGB VIII)

Die Eltern werden aus ihrem Einkommen herangezogen. Zunächst wird vom Jugendamt das Einkommen erfragt und dann mit einem Bescheid die laufenden und rückwirkenden Beiträge festgesetzt.

d) Kostenheranziehung der Eltern

Bei den Eltern erfolgt die Inanspruchnahme nach den §§ 93, 94 SGB VIII i. V. m. der Kostenbeitragsverordnung. Die Einkommen der Eltern werden getrennt berechnet. Dies erfolgt anhand einer Tabelle.[11] Eine Rolle spielt hier, ob weitere Unterhaltsberechtigte oder Kinder in stationärer Erziehungshilfe vorhanden sind. Unabhängig davon ist in jedem Falle, das Kindergeld an das Jugendamt abzuführen. Erfolgt dies nicht, kann das Jugendamt auch einen Abzweigungsantrag stellen. Von der Heranziehung der Eltern wird abgesehen, wenn ihr zu betreuendes Kind schwanger ist oder selbst ein Kind betreut, das noch nicht das sechste Lebensjahr vollendet hat (§ 92 Abs. 4 SGB VIII). Von der Kostenheranziehung kann abgesehen werden, wenn durch die Heranziehung Ziel und Zweck der Hilfe gefährdet werden würden oder sich aus der Heranziehung eine besondere Härte ergeben würde (§ 92 Abs. 5 SGB VIII).

3.4 Geldleistungen im Falle einer ambulanten Jugendhilfe

Erhält ein junger Mensch eine ambulante Jugendhilfe, gelten die allgemeinen Regelungen. Deutsche junge Menschen sowie junge Menschen mit Migrationshintergrund und gesichertem Aufenthalt bekommen Leistungen nach dem SGB II, wenn sie arbeitsfähig und älter als 15 Jahre alt sind und sich nicht in der Ausbildung befinden. Auszubildende erhalten Leistungen nach dem BAföG, wenn sie eine schulische Ausbildung absolvieren oder studieren, oder BAB (§ 59 ff. SGB III) bei einer praktischen, betrieblichen Ausbildung (Lehre). Ggf. können ergänzend Leistungen nach dem SGB II beantragt werden. Unter Umständen können junge Menschen auch Waisenrenten oder Wohngeld beantragen. Daneben gibt es Kindergeld (siehe Abschnitt II.7 Kindergeld).

---

[11] Kostenbeitragsverordnung vom 01.10.2005 (BGBl. I, S. 2907) die zuletzt durch Artikel 1 der Verordnungen vom 20. Dezember 2023 (BGB 13. 2023 I Nr. 396) geändert worden ist.

4. Ausbildungsförderung

Der Staat zahlt für den*die Auszubildende*n als Zuschuss oder auf Basis eines Darlehens die Lebenshaltungskosten, sofern dies der*die Auszubildende selbst oder seine*ihre Ehegatt*in oder Eltern nicht können. Der Antrag auf Förderung sollte rechtzeitig vor Beginn gestellt werden. Das zuständige Amt fordert die erforderlichen Unterlagen an und entscheidet dann über Grund und Höhe. Ggf. gibt es dann eine Nachzahlung. Grundsätzlich kann aber auch ein Antrag auf einen Vorschuss nach § 42 SGB I gestellt werden, wenn dem Grunde nach klar ist, dass einem eine Ausbildungsförderung zusteht.

Grundsätzlich zahlt der Staat erst einmal nur eine Ausbildung. Der Bedarf richtet sich nach festen Sätzen. Es wird differenziert nach Ausbildungsart (z. B. Schule, Berufsschule oder Universität) und danach, ob der junge Mensch bei seinen*ihren Eltern lebt oder nicht. Lebt der junge Mensch nicht bei den Eltern, wird ihm*ihr ein fester Betrag für Unterkunftskosten ausgezahlt, der sich im Gegensatz zum SGB II nicht an den tatsächlichen Kosten orientiert. Junge Menschen, die gerade eine praktische Ausbildung machen, aber auch Schüler*innen können jedoch ergänzende Leistungen nach dem SGB II beantragen. Die übrigen, insbesondere Studierende, die nicht bei ihren Eltern wohnen, können beim Jobcenter im Rahmen des § 27 SGB II ergänzende Leistungen erhalten. Grob gesagt, erhalten Auszubildende Berufsausbildungsbeihilfe nach den §§ 56 ff. SGB III, Studierende und Schüler*innen erhalten Ausbildungsförderung nach dem BAföG. Da weite Teile beider Förderungssysteme gleich geregelt sind, enthält das SGB III bezüglich der BAB weitgehende Verweise auf das BAföG.

Förderung je nach Einkommen der Eltern, Antrag auf Vorausleistung

Die Förderung der Ausbildung hängt auch hinsichtlich der Höhe maßgeblich vom Einkommen der Eltern ab. Diese werden von den Sozialleistungsbehörden (BAföG-Amt oder bei BAB die Agentur für Arbeit) aufgefordert, die Einkünfte offenzulegen. Kommen sie dem nicht nach oder leisten sie ihrem Kind nicht den notwendigen Unterhalt, dann droht Gefahr für die Ausbildung. Denn: Der*Die Auszubildende muss die Ausbildung möglicherweise mangels Versorgung abbrechen. Aus diesem Grund sieht das Gesetz vor, dass der*die Auszubildende in diesen Fällen einen Antrag auf Vorausleistung stellen kann. Das Amt leistet dann ohne Berücksichtigung des Elternanteils voll, leitet gleichzeitig den Unterhaltsanspruch des Kindes gegen die Eltern auf sich über und macht dann den Unterhaltsanspruch selbst gegen die Eltern geltend. Dies ist für die BAB in § 68 SGB III und für das BAföG in § 36 BAföG geregelt.

Bei der Ausbildungsförderung wird zwischen der Berufsausbildungsbeihilfe (kurz BAB), die von der Agentur für Arbeit und insbesondere für eine betriebliche oder außerbetriebliche Ausbildung gezahlt wird, und dem BAföG unterschieden. Dies wird für eine schulische oder universitäre Ausbildung bewilligt. Ist die Ausbildung weder über BAB noch über BAföG dem Grunde nach förderungsfähig, kommt eine Unterstützung über SGB II in Betracht (vgl. Abschnitt II.6 Arbeitslosengeld II, Leistungen nach dem SGB II). Da die Leistungen nach dem BAföG und die BAB nicht alle Fallkonstellationen abdecken, gibt es im Einzelfall einen Anspruch auf spezielle Leistungen gegenüber dem Jobcenter aus § 27 SGB II.

Ergänzende Leistungen für Empfänger*innen von BAB oder BAföG

Leistungen nach dem SGB II gibt es grundsätzlich erst einmal nicht für Auszubildende. Diese können Leistungen nach dem BAB und nach dem BAföG erhalten. Seit Mitte 2016 können jedoch die meisten BAB-Berechtigten ergänzend SGB-II-Leistungen bekommen. Gleiches gilt für BAföG-Bezieher*innen, mit Ausnahme von Studierenden, die nicht im elterlichen Haushalt leben. Dem Grunde nach BAB berechtigte Auszubildende in einer betrieblichen oder außerbetrieblichen Ausbildung können nunmehr regelmäßig ergänzend SGB II beanspruchen, selbst für eine Zweitausbildung.

4.1 Berufsausbildungsbeihilfe (BAB)

Gefördert wird nach den §§ 56 ff. SGB III eine betriebliche oder außerbetriebliche berufliche Erstausbildung, die nach dem Berufsbildungsgesetz, der Handwerksordnung oder dem Seearbeitsgesetz anerkannt ist. Die Förderung erfolgt als Zuschuss und muss von dem*der Auszubildenden nicht zurückgezahlt werden. Zuständig für diese Förderung ist die Agentur für Arbeit. Rechtsstreitigkeiten werden in diesen Sachen vor den Sozialgerichten ausgetragen. Reichen Ausbildungsvergütung und BAB nicht aus, können die Auszubildenden in der Regel ergänzend Leistungen nach dem SGB II beantragen. Dies gilt nicht für Auszubildende, die in Internaten u. a. untergebracht sind.

a) Erstausbildung und Zweitausbildung

Tatsächlich ist damit nur die erste Ausbildung gemeint.

Beispiel: *Hat der junge Mensch bereits eine Ausbildung zum*r KFZ-Mechaniker*in begonnen und ist dort herausgeflogen, da er zu viele Fehlzeiten hatte, kann er für die zweite Ausbildung zum*r Tischler*in selbst dann kein BAB erhalten, wenn er*sie für die erste Ausbildung keine entsprechenden Leistungen erhalten hat.*

Für die zweite Ausbildung wird daher grundsätzlich nicht gezahlt. Dies gilt selbst dann, wenn die erste Ausbildung dem Grunde nach nicht förderungsfähig war, z. B., weil sie nicht staatlich anerkannt war. In diesem Fall erhält er*sie jedoch, sofern erforderlich, Leistungen nach dem SGB II. Es wird nur dann eine zweite Ausbildung über BAB gefördert, wenn zu erwarten ist, dass eine berufliche Eingliederung mit der ersten Ausbildung nicht zu erwarten ist. Das wird dann angenommen werden können, wenn mit der vormals abgeschlossenen Ausbildung mangels Nachfrage kein Arbeitsplatz zu bekommen ist.

Außerdem wird dann weiter gefördert, wenn das Ausbildungsverhältnis vorfristig (also vor Ende der Ausbildung) gelöst worden ist und hierfür seitens des*der Auszubildenden ein berechtigter Grund vorlag (§ 57 Abs. 3 SGB III). Bei dem Begriff *berechtigter Grund* handelt es sich um einen unbestimmten Rechtsbegriff. Hierbei ist insbesondere auch das Alter des jungen Menschen zu berücksichtigen. Nicht jede Laune und jede Beliebigkeit wird hier anerkannt. Aber wenn das Ausbildungsverhältnis aufgrund betriebsinterner Abläufe dem jungen Menschen nicht zumutbar war oder wenn diese Ausbildung seinen*ihren Neigungen nicht entsprach und er*sie dies ernsthaft geprüft hat, kann eine weitere Förderung zulässig sein.

b) Persönliche Voraussetzung und Förderung von Menschen ohne deutschen Pass

Junge Menschen werden nur dann gefördert, wenn sie nicht bei den Eltern oder einem Elternteil wohnen. Minderjährige Auszubildende erhalten, auch wenn sie nicht im elterlichen Haushalt wohnen, kein BAB, wenn sie die Ausbildungsstätte von der Wohnung der Eltern oder eines Elternteils in angemessener Zeit erreichen können. Zumutbar ist hier im Regelfall ein Arbeitsweg von bis zu insgesamt zwei Stunden (Hin- und Rückfahrt) dreimal pro Woche (2.1a.3 VV zum BAföG). Diese Ausnahme gilt nicht, wenn den minderjährigen Auszubildenden aus schwerwiegenden sozialen Gründen nicht zumutbar ist, zu Hause zu wohnen (§ 60 Abs. 2 Nr. 4 SGB III). Aber: Junge Menschen in berufsvorbereitenden Maßnahmen (BvB) erhalten selbst dann BAB, wenn sie bei ihren Eltern wohnen (§ 62 Abs. 1 SGB III).

Sind junge Menschen aus diesem Grunde von der BAB ausgeschlossen, können sie grundsätzlich Leistungen nach dem SGB II beanspruchen (§ 7 Abs. 6 Nr. 1 SGB II).

Im Gegensatz zur Jugendhilfe ist der Zugang zur Förderung für Menschen ohne deutschen Pass stark eingeschränkt. In der Regel ist ein gefestigter Aufenthalt erforderlich. Allerdings werden auch geduldete Ausländer*innen, die ihren ständigen Wohnsitz im Inland haben, während einer betrieblich durchgeführten Berufsausbildung gefördert, wenn sie sich seit mindestens 15 Monaten ununterbrochen rechtmäßig, gestattet oder geduldet im Bundesgebiet aufhalten.

c) Bedarfe bei Berufsausbildung und Berufsvorbereitung und Einkommensanrechnung

Die Bedarfssätze orientieren sich an den BAföG-Sätzen. Daneben werden gem. § 63 SGB III noch Fahrtkosten für das günstigste Verkehrsmittel gezahlt. Abgedeckt werden hiervon die Kosten zwischen Unterkunft, Ausbildungsstätte und Berufsschule. Gezahlt wird nur das günstigste Verkehrsmittel. In der Regel werden die Kosten einer Monatskarte übernommen. Wenn ein Auto benutzt werden muss, werden die entsprechenden Kosten erstattet. Gem. § 5 Abs. 1 BRKG sind dies 20 Cent je gefahrenem Kilometer, höchstens aber 130,00 Euro monatlich.

Weiterhin werden derzeit 14,00 Euro für Arbeitskleidung gezahlt. Werden von dem*der Auszubildenden Kinder betreut, so erhält er*sie pro Kind eine Pauschale von 150,00 Euro (§ 64 Abs. 3 SGB III). Darüber hinaus können im Einzelfall noch weitere Kosten unter den Voraussetzungen des § 64 Abs. 3 Satz 2 SGB III verlangt werden, wenn andernfalls der Erfolg der Ausbildung gefährdet wäre. Der*die Auszubildende muss hierzu einen entsprechenden Antrag stellen.

Ansonsten gelten für die Bedarfe unterschiedliche Sätze:

Berufsausbildung (§ 61 SGB III)

Der Bedarfssatz orientiert sich an § 13 Abs. 1 Nr. 1 BAföG.[12] Es handelt sich um einen festen Bedarfssatz, der in regelmäßigen Abständen angepasst wird. Hinzu kommen noch ein Unterbringungsbetrag in Höhe des in § 13 Abs. 2 Nr. 2 festgesetzten Betrages für die Unterbringungskosten sowie Fahrtkosten, Kosten für Arbeitskleidung, Kinderbetreuungskosten und Sonderaufwendungen gem. § 64 SGB III. Ergänzend können die Auszubildenden Leistungen nach dem SGB II beziehen.

Erfolgt die Unterbringung direkt in der Ausbildungsstätte mit Vollverpflegung, ist dies gesondert in § 61 Abs. 2 SGB III geregelt. Sie erhalten dann die im Rahmen der Leistungs- Entgelt- und Qualitätsvereinbarung zwischen den öffentlichen und freien Trägern der Jugendhilfe nach § 78a-g vereinbarten Entgelte für Verpflegung und Unterbringung ohne die sozialpädagogische Begleitung und zusätzlich einen in § 61 Abs. 2 Satz 1 SGB III festgesetzten Betrag für sonstige Bedürfnisse. Unter 27-Jährige erhalten zusätzlich Entgelte für die sozialpädagogische Begleitung, sofern diese nicht von Dritten gezahlt werden. Ergänzende Leistungen nach dem SGB II sind hier ausgeschlossen, § 7 Abs. 5 Satz 2 SGB II.

Auf den Bedarf ist gem. § 67 SGB III das Einkommen folgender Personen und in folgender Reihenfolge anzurechnen:

1. der*die Auszubildende selbst
2. Ehegatt*innen oder Lebenspartner*innen
3. Eltern

Vermögen wird nicht berücksichtigt.

---

[12] 421,00 Euro, ohne Zuschläge, Stand 31.01.24

Die Regelungen des BAföG hinsichtlich der Einkommensberechnung gelten entsprechend. Für den*die Auszubildende*n bleiben jedoch vom bereinigten Einkommen 290,00 Euro monatlich anrechnungsfrei. Dies entspricht in etwa einem Minijob[13]. Die Ausbildungsvergütung wird bis auf einen Betrag von 66,00 Euro voll angerechnet.

Neben dem Einkommen des jungen Menschen in Ausbildung wird auch das Einkommen der Eltern berücksichtigt. Hier erfolgt grundsätzlich eine getrennte Veranlagung beider Elternteile unabhängig davon, ob sie verheiratet sind oder nicht. Für die Eltern und Ehegatten gibt es höhere Freibeträge, berücksichtigt werden auch Unterhaltsverpflichtungen gegenüber anderen Kindern. Für eigene Berechnungen kann der BAB-Rechner der Agentur für Arbeit herangezogen werden (www.babrechner.arbeitsagentur.de).

Berufsvorbereitende Maßnahmen (§ 62 SGB III)
In berufsvorbereitenden Maßnahmen wird der*die Auszubildende gem. § 62 SGB III gefördert. Das gilt auch, wenn die Auszubildenden noch bei ihren Eltern oder einem Elternteil wohnen. Hierbei geht der Gesetzgeber davon aus, dass junge Menschen in der Berufsvorbereitung im Gegensatz zu Auszubildenden keine Ausbildungsvergütung erhalten. Die Bedarfssätze orientieren sich in diesem Fall an § 12 Abs. 1 Nr. 1 BAföG.[14] Bei Unterbringung außerhalb des Familienhaushalts richtet sich die Höhe nach § 12 Abs. 2 Nr. 1 BAföG.[15] Hinzu kommen noch Fahrtkosten, Arbeitskleidung, Kinderbetreuungskosten und Sonderaufwendungen.

Bei Unterbringung im Wohnheim oder Internat mit Vollverpflegung wird abweichend gefördert. Hier richtet sich der Bedarf nach den Kostensatzvereinbarungen, die mit dem jeweiligen Träger des Heimes geschlossen sind. Zusätzlich erhält der*die Auszubildende noch 103,00 Euro. Ergänzende Leistungen nach dem SGB II sind hier ausgeschlossen.

---

13 Als Minijob gilt seit dem 01.01.24 ein Verdienst bis 538,00 Euro. Im Hinblick auf die Regelungen zur Einkommensbereinigung im BAföG ergibt dies dann das bereinigte Einkommen von 290,00 Euro.

14 262,00 Euro, ohne Zuschläge, Stand 31.01.24

15 632,00 Euro, ohne Zuschläge, Stand 31.01.24

Eine Einkommensanrechnung findet bei der Berufsvorbereitung nicht statt (§ 67 Abs. 4 SGB III), es sei denn, es handelt sich um eine nach dem SGB III geförderte Maßnahme, dann gelten die Ausführungen zur Anrechnung des Einkommens bei Auszubildenden entsprechend.

4.2 Bundesausbildungsförderungsgesetz (BAföG)

Nach dem BAföG werden schulische oder universitäre Ausbildungen gefördert. Für Schüler*innen wird BAföG als Zuschuss gewährt und muss nicht zurückgezahlt werden, § 17 Abs. 1 BAföG. Zuständig für diese Förderung ist das jeweilige Amt für Ausbildungsförderung, das bei den Landkreisen angesiedelt ist. Die Studienförderung erfolgt zu 50 Prozent als Zuschuss und zu 50 Prozent als rückzahlungspflichtiges Darlehen, § 17 Abs. 2 und 3 BAföG. Zuständig ist auch ebenfalls das Amt für Ausbildungsförderung, das aber regelmäßig bei den Hochschulen und dort bei den Studierendenwerken angesiedelt ist. Rechtsstreitigkeiten werden in diesen Sachen vor den Verwaltungsgerichten ausgetragen.

a) Art der Ausbildung

Im Gesetz sind die Ausbildungsstätten benannt, deren Besuch gefördert werden kann (§ 2 BAföG).

- BAföG kann beanspruchen, wer eine weiterführende allgemeinbildende Schule und Berufsfachschule besucht, einschließlich der Klassen aller Formen der beruflichen Grundbildung, ab Klasse 10 sowie von Fach- und Fachoberschulklassen, deren Besuch eine abgeschlossene Berufsausbildung nicht voraussetzt, wenn der*die Auszubildende die Voraussetzungen des Absatzes 1a[16] erfüllt
- Berufsfachschulklassen und Fachschulklassen, deren Besuch eine abgeschlossene Berufsausbildung nicht voraussetzt, sofern sie in einem zumindest zweijährigen Bildungsgang einen berufsqualifizierenden Abschluss vermitteln
- Fach- und Fachoberschulklassen, deren Besuch eine abgeschlossene Berufsausbildung voraussetzt
- Abendhauptschulen, Berufsaufbauschulen, Abendrealschulen, Abendgymnasien und Kollegs

---

16 https://www.gesetze-im-internet.de/baf_g/__2.html

- höhere Fachschulen und Akademien
- Hochschulen (§ 2 BAföG)

Maßgebend für die Zuordnung sind Art und Inhalt der Ausbildung. Ausbildungsförderung wird geleistet, wenn die Ausbildung an einer öffentlichen Einrichtung – mit Ausnahme nichtstaatlicher Hochschulen – oder einer genehmigten Ersatzschule durchgeführt wird. Für Schüler*innen allgemeinbildender Schulen ab Klasse 10 gibt es nur dann BAföG, wenn sie einen eigenen Haushalt führen und es ihnen aufgrund der Entfernung zwischen Familienhaushalt und Ausbildungsstätte nicht möglich ist, bei den Eltern zu wohnen (vgl. oben).

Je nach Ausbildungsstätte sind auch verschiedene Bedarfssätze festgelegt. Auch hier gibt es wieder eine Differenzierung zwischen der Unterbringung bei den Eltern und in einer eigenen Wohnung, §§ 12 und 13 BAföG.

b) Förderung der Erstausbildung und weiterer Ausbildungen (§ 7 BAföG)
Grundsätzlich wird nach dem BAföG auch nur eine Ausbildung gefördert. Aber wenn die Zweitausbildung auf der ersten Ausbildung aufbaut oder durch die erste Ausbildung die Zugangsvoraussetzung für die zweite Ausbildung überhaupt erst geschaffen worden ist, dann ist auch die folgende Ausbildung förderungsfähig. Selbstverständlich kann nach einer Förderung für die gymnasiale Oberstufe auch noch eine Förderung für das Studium beansprucht werden. Aber auch wenn ein berufsqualifizierender Abschluss an einer Fachschule erworben wurde, kann ein darauf aufbauendes Studium gefördert werden, § 7 Abs. 1 BAföG. Da betriebliche und außerbetriebliche Ausbildungen nicht nach dem BAföG förderungsfähig sind (wohl aber über BAB), schadet auch eine vorher absolvierte Lehre nicht. Sie gilt im Sinne des BAföG nicht als Erstausbildung.

Davon abgesehen wird aber innerhalb einer Ausbildungsart nur einmal gefördert. Ausnahmsweise kann bei einem Fachrichtungswechsel weiter gefördert werden, wenn die Ausbildung unverzüglich aus wichtigem oder unabweisbarem Grund abgebrochen oder die Fachrichtung gewechselt wird, § 7 Abs. 3 BAföG. Bei erstmaligem Abbruch oder Fachrichtungswechsel wird ein wichtiger Grund vermutet. Dies gilt jedoch bei dem Besuch von höheren Fachschulen, Akademien oder Hochschulen nur, wenn dies bis zum Beginn des dritten Fachsemesters erfolgt. Diese können sich auf den wichtigen Grund auch nur bis zum Beginn des vierten Fachsemesters berufen.

Unter einem wichtigen Grund wird vor allem ein Neigungswandel verstanden. Kann man sich nicht mehr auf einen wichtigen Grund berufen, dann kann die Fachrichtung nur noch gewechselt werden, wenn ein unabweisbarer Grund vorliegt, der die Fortsetzung der Ausbildung in dieser Fachrichtung unmöglich macht (z. B. Allergien gegen bestimmte Stoffe, mit denen im Rahmen der Ausbildung umgegangen werden muss). Kann ein Grund nicht dargelegt werden, endet die Förderung. Auszubildende, die aus diesem Grunde kein BAföG erhalten, können auch keine Leistungen nach dem SGB II erhalten.

c) Förderungsdauer

Gem. § 15 BAföG wird die Förderung grundsätzlich für die Dauer der Ausbildung geleistet, jedoch für einen Studiengang nicht länger als die Förderungshöchstdauer (§ 15a BAföG). Die Förderungshöchstdauer für das Studium entspricht der Regelstudienzeit. Bei Unterbrechung der Ausbildung wegen Krankheit oder Schwangerschaft wird für die Dauer von drei Monaten weitergezahlt. Über die Förderungshöchstdauer kann BAföG geleistet werden, wenn die Überschreitung schwerwiegende Gründe hat. Hierzu zählt auch das erstmalige Nichtbestehen einer Prüfung (§ 15 Abs. 3 BAföG). Im Übrigen kann Studierenden selbst nach Ende der regulären Förderungsdauer für ein Jahr eine Förderung zum Abschluss des Studiums gewährt werden, dann allerdings als Bankdarlehen.

d) Bedarfe und Zusatzleistungen nach dem BAföG

Die Ausbildungsförderung umfasst die Kosten für den Lebensunterhalt und die Ausbildung. Die Höhe ist in Bedarfssätzen in den §§ 12 und 13 BAföG abgebildet. Daneben gibt es Ansprüche auf spezielle Zusatzleistungen. Eine darüber hinausgehende spezielle Übernahme von Schulgeld, Studiengebühren oder Ähnlichem ist in begrenztem Umfang für ausgewählte Bildungseinrichtungen in der Härte V vorgesehen[17]. Die Bedarfe sind je nach Ausbildungsart unterschiedlich hoch, dies ist in den §§ 12, 13 und 14 BAföG geregelt. Auch hier wird unterschieden zwischen Auszubildenden, die bei ihren Eltern oder einem Elternteil wohnen, und solchen mit eigenem Haushalt. Unterschieden wird hinsichtlich der Ausbildungsart zwischen Schüler*innen und Studierenden. Praktikant*innen erhalten die Leistungen,

---

[17] Verordnung über Zusatzleistungen in Härtefällen nach dem Bundesausbildungsförderungsgesetz, (Härte V), vom 15.07.1974, zuletzt geändert am 15.07.2022

die für Schüler*innen und Studierende der Ausbildungsstätte geleistet werden, mit deren Besuch das Praktikum in Zusammenhang steht (§ 14 BAföG). Neben diesen Grundbedarfen haben die Auszubildenden Ansprüche auf Zuschläge für Kranken- und Pflegeversicherung, auf einen Kinderbetreuungszuschlag sowie auf Zusatzleistungen in Härtefällen.

e) Bedarfe von Schüler*innen (§ 12 BAföG), Bedarfe von Studierenden (§13 BAföG)

Schüler*innen bei ihren Eltern

- Schüler*innen von Berufsfachschulen und Fachschulklassen, deren Besuch eine abgeschlossene Berufsausbildung nicht voraussetzt, § 12 Abs. 1 Nr. 1 BAföG[18]. Dies gilt nicht für Schüler*innen in der Oberstufe einer allgemeinbildenden Schule, also ab der 10. Klasse. Solange sie zu Hause leben, bekommen sie kein BAföG, wohl aber SGB II. Wenn sie in einer eigenen Wohnung leben, können sie BafÖG erhalten.
- Schüler*innen von Abendhauptschulen, Berufsaufbauschulen, Abendrealschulen und von Fachoberschulklassen, deren Besuch eine abgeschlossene Ausbildung voraussetzt, § 12 Abs. 1 Nr. 2 BAföG[19]

Schüler*innen außerhalb des Familienhaushalts

- von weiterführenden allgemeinbildenden Schulen und Berufsfachschulen sowie von Fach- und Fachoberschulklassen, deren Besuch eine abgeschlossene Berufsausbildung nicht voraussetzt, § 12 Abs. 2 Nr. 1 BAföG[20]
- von Abendhauptschulen, Berufsaufbauschulen, Abendrealschulen und von Fachoberschulklassen, deren Besuch eine abgeschlossene Berufsausbildung voraussetzt, § 12 Abs. 2 Nr. 2 BAföG[21]

Studierende bei ihren Eltern

- Fachschulklassen, deren Besuch eine abgeschlossene Berufsausbildung voraussetzt, Abendgymnasien und Kollegs, § 13 Abs. 1 Nr. 1 und Abs. 2 Nr. 1 BAföG[22]

---

18 Aktuell 262,00 Euro (Stand 01.01.2024)

19 Aktuell 474,00 Euro (Stand 01.01.2024)

20 Aktuell 632,00 Euro (Stand 01.01.2024)

21 Aktuell 736,00 Euro (Stand 01.01.2024)

22 Aktuell 480 Euro (Stand 01.01.2024)

- höhere Fachschulen, Akademien und Hochschulen, § 13 Abs. 1 Nr. 2 und Abs. 2 Nr. 1 BAföG[23]

Studierende außerhalb des Elternhauses
- Fachschulklassen, deren Besuch eine abgeschlossene Berufsausbildung voraussetzt, Abendgymnasien und Kollegs, § 13 Abs. 1 Nr. 1 und Abs. 2 Nr. 1 BAföG[24]
- höhere Fachschulen, Akademien und Hochschulen, § 13 Abs. 1 Nr. 1 und Abs. 2 Nr. 2 BAföG[25]

f) Zusatzleistungen
Neben dem Grundbedarf haben Auszubildende Ansprüche auf Zusatzleistungen.

Kranken- und Pflegeversicherung, § 13a BAföG
Die meisten Auszubildenden haben einen Anspruch auf Zusatzleistungen, wenn sie entweder gesetzlich oder privat kranken- und pflegeversichert sind. Da Auszubildende in der Regel pflichtversichert sind, betrifft dies fast alle Auszubildenden.[26] Um diesen Betrag werden in der Regel die entsprechenden Bedarfe der Auszubildenden erhöht. Freiwillig versicherte Auszubildende – außer Fachschüler*innen – nach § 5 Abs. 1 Nr. 13 SGB V sowie privat krankenversicherte Auszubildende, die die Alters- und Semestergrenze nach § 5 Abs. 1 Nr. 9 SGB V überschritten haben, erhalten bei entsprechendem Nachweis einen noch höheren Krankenversicherungszuschlag, § 13a Abs. 2 BAföG.

Kinderbetreuungszuschlag
Auszubildende, die mit mindestens einem eigenen Kind, das das 14. Lebensjahr noch nicht vollendet hat, in einem Haushalt leben, können nach § 14b BAföG Zusatzleistungen erhalten. Der Zusatzbetrag wird für jedes im Haushalt lebende eigene Kind unter 14 Jahren gewährt. Der Zuschlag kann aber nur von einem Elternteil geltend gemacht werden.

---

23 Aktuell 511 Euro (Stand 01.01.2024)
24 Aktuell 781 Euro (Stand 01.01.2024)
25 Aktuell 812 Euro (Stand 01.01.2024)
26 Die Zusatzleistungen für die Kranken- und Pflegeversicherung betragen aktuell 94 Euro + 28 Euro = 122 Euro gesamt.

Zusatzleistungen in Härtefällen

Zusätzliche Leistungen gibt es aufgrund der Härtefallverordnung für eine Ausbildung, die mit einer Heimunterbringung zusammenfällt, oder für eine Internatsunterbringung, siehe oben.

g) Anrechnung von Einkommen und Vermögen

Auf den Bedarf, einschließlich von Zuschlägen, wird das Einkommen der Auszubildenden, das Einkommen des*der Ehegatt*in/Lebenspartner*in und der Eltern in dieser Reihenfolge angerechnet. Bei Auszubildenden findet zudem noch eine Anrechnung des Vermögens statt (§ 11 BAföG). Wer nachvollziehen möchte, wie hoch der eigene BAföG-Anspruch ist, kann einen BAföG-Rechner im Internet heranziehen (z. B. www.bafoeg-rechner.de).

Zur Berechnung im Einzelnen:

Einkommen

Die Berechnung des Einkommens für Auszubildende, Eltern und Ehegatt*innen erfolgt nach § 21 BAföG. Zum Einkommen gehören alle Einkünfte, insbesondere Lohn, Gehalt, aber auch Einnahmen aus Vermietung und Kapital (Zinsen). Dies richtet sich nach dem Steuerrecht. Es erfolgt ein Vorwegabzug für Werbekosten. Von dem ermittelten Einkommen werden Steuern und Sozialabgaben abgezogen. Der Abzug der Sozialabgaben erfolgt pauschal je nach Art der Einkünfte. Von dem so bereinigten Einkommen werden dann die Freibeträge getrennt nach Personen in Abzug gebracht. Die Eltern werden jeweils getrennt berücksichtigt. Hinsichtlich von Freibeträgen und maßgeblichem Einkommen differieren die Regelungen zwischen dem*der Auszubildenden und den Eltern:

(a) Auszubildende*r

Maßgeblich ist bei Auszubildenden das anzurechnende Einkommen des Bewilligungszeitraums. Hiervon wird ein Freibetrag gem. § 23 Abs. 1 Nr. 1 BAföG[27] abgezogen, der nicht angerechnet wird. In dieser Höhe können die Auszubildenden dazu verdienen, ohne dass sich dies auf das BAföG auswirkt. Hinzu kommen noch weitere Freibeträge für Ehegatt*innen und eigene Kinder, § 23 BAföG. Dies gilt nicht für die Ausbildungsvergütung. Diese wird voll angerechnet.

---

[27] Aktuell 330,00 Euro

Beispiel: Erhält eine nicht mehr bei den Eltern wohnende, gesetzlich krankenversicherte Schülerin eines Abendgymnasiums in ihrem Job nach allen Abzügen 550,00 Euro, bekommt sie 683,00 Euro BAföG. Von dem Bedarf von 903,00 Euro werden 220,00 Euro (einzusetzendes Einkommen von 550,00 abzüglich eines Freibetrags von 220,00 Euro) abgezogen.

(b) Eltern und Ehegatt*innen

Bei Eltern und Ehegatt*innen ist das anzurechnende Einkommen des vorletzten Kalenderjahres maßgeblich. Ist das Einkommen von Eltern/Ehegatt*innen im Bewilligungszeitraum niedriger, kann der*die Auszubildende beantragen, dass das aktuelle Einkommen berücksichtigt wird (Aktualisierungsantrag).

Die Freibeträge sind hier höher, jeweils auch davon abhängig, ob sich weitere Kinder in der Ausbildung befinden. Darüber hinaus bleibt auch ein weiterer Teil des Einkommens anrechnungsfrei; im Einzelnen siehe § 25 BAföG. Das Einkommen der Eltern bleibt in bestimmten Fallkonstellationen komplett außer Betracht, wenn der*die Auszubildende ein Abendgymnasium oder ein Kolleg besucht, bereits längere Zeit vorher gearbeitet hat oder bereits das 30. Lebensjahr bei Beginn der Ausbildung vollendet hat (elternunabhängiges BAföG), § 11 Abs. 3 BAföG. Vergleichbare Regelungen gibt es auch für Ehegatt*innen/Lebenspartner*innen.

Vermögen

Der*Die Auszubildende muss für seine*ihre Ausbildung auch sein*ihr Vermögen einsetzen (§§ 26 ff. BAföG). Maßgeblich ist der Vermögensstand zum Zeitpunkt der Antragstellung. Von dem Vermögen sind etwaige Schulden abzuziehen. Ferner kann der*die Auszubildende einen Freibetrag behalten gem. § 29 Abs. 1 BAföG.[28] Dieser Betrag erhöht sich für jedes eigene Kind und für den*die Ehegatt*in/Lebenspartner*in um jeweils 2.300,00 Euro. Das einzusetzende Vermögen wird durch die Zahl der Monate des Bewilligungszeitraums geteilt und der Quotient auf den Bedarf angerechnet.

---

[28] Aktuell 15.000,00 Euro

Beispiel: Studentin S. (unverheiratet) wohnt nicht bei ihren Eltern und ist in der gesetzlichen Krankenkasse. Sie hat ein Vermögen von 21.000 Euro. Einzusetzendes Einkommen ist weder bei ihr noch bei ihren Eltern vorhanden. Der Bewilligungszeitraum beträgt 12 Monate.

Der Bedarf von S. beträgt 735,00 Euro (s.o.). Von ihrem Vermögen von 21.000,00 Euro ist der Freibetrag von 15.000,00 Euro abzuziehen. Einzusetzen ist damit ein Vermögen in Höhe von 6.000,00 Euro. Bezogen auf den jeweiligen Monat hat S. 500,00 Euro einzusetzen. Sie hat einen Anspruch auf Leistungen in Höhe von 235,00 Euro (735,00 Euro abzüglich 500,00 Euro).

Verfahren

Um BAföG zu erhalten, muss ein Antrag beim zuständigen Amt gestellt werden. Im Antrag ist neben dem eigenen Werdegang auch umfangreich anzugeben, welches Einkommen und Vermögen einem zur Verfügung steht. Am Ende wird die Richtigkeit der Angaben versichert. Tatsächlich sollte immer darauf geachtet werden, das Formular vollständig und auch wahrheitsgemäß auszufüllen. Gerade falsche und unvollständige Angaben zum Vermögen kommen oft vor. Leider fliegt dies regelmäßig auf, da die BAföG-Ämter mit den Finanzämtern die Daten abgleichen. Das hat dann erhebliche negative Konsequenzen. Der*Die Auszubildende muss nicht nur den Teil der Förderung zurückzahlen, den er*sie zu Unrecht erhalten hat. Er*Sie bekommt darüber hinaus noch ein Verfahren wegen Betruges und gefährdet damit mitunter seinen*ihren weiteren beruflichen Lebensweg.

4.3 Ausbildung und SGB II, spezielle Förderung nach § 27 SGB II

Auszubildende, deren Ausbildung nach dem Bundesausbildungsförderungsgesetz (BAföG) förderungsfähig ist (vgl. Abschnitt II.4.b), haben grundsätzlich keinen Anspruch auf Leistungen nach dem SGB II, § 7 Abs. 5 SGB II. In Ausnahmefällen bestehen allerdings in den in § 27 SGB II aufgeführten Fällen doch Ansprüche auf Leistungen. Diese gelten jedoch nicht als Bürger(*innen) geld, sodass diese insbesondere keine Pflichtkrankenversicherung umfassen (vgl. § 7 Abs. 5 S. 2 SGB II).

Der Leistungsausschluss gilt auch für Auszubildende in betrieblicher oder außerbetrieblicher Ausbildung, sofern sie angebunden an den Ausbildungsbetrieb untergebracht sind oder im Internat wohnen (vgl. § 7 Abs. 5 S. 2 SGB

II). Alle übrigen BAB-Berechtigten können ergänzend Leistungen nach dem SGB II beantragen. Schüler*innen, deren Bedarf sich nach den §§ 12, 13 Abs. 1 Nr. 1 BAföG richtet, oder Student*innen, die noch im Familienhaushalt leben, erhalten ebenfalls ergänzend Leistungen nach dem SGB II, mit der nachfolgend dargestellten Einschränkung.

Das SGB II ist für Auszubildende gerade deshalb interessant, da die Leistungen nach dem SGB II oft höher sind als nach BAB oder BAföG. Im Rahmen des SGB II werden z. B. die tatsächlichen Unterkunftskosten übernommen, sofern sie angemessen sind. Zudem ist im SGB II auch die Übernahme von Wohnbeschaffungskosten (Kaution u.a.) möglich. Das sehen hingegen BAB und BAföG nicht vor.

a) Kein SGB II für *dem Grunde nach* BAföG-förderungsfähige schulische oder universitäre Ausbildungen oder bei Fehlen der persönlichen Voraussetzungen

Während seit 2016 Auszubildende in betrieblichen und außerbetrieblichen Ausbildungen also auch dann Leistungen nach dem SGB II beantragen können, wenn sie keinen Anspruch auf BAB (Ausnahme: Unterbringung im Internat) haben (vgl. Abschnitt II.4.a Berufsausbildungsbeihilfe (BAB)), ist dies bei Schüler*innen und Studierenden anders. Erhalten Schüler*innen oder Studierende (die im Haushalt der Eltern leben) aufgrund fehlender persönlicher Voraussetzungen BAföG nicht oder nicht mehr, bekommen sie auch keine Leistungen nach dem SGB II. Dies ist insbesondere bei nicht mehr förderungsfähigen Zweitausbildungen relevant.

Beispiel: K. hat eine Krankenpflegeausbildung nach anderthalb Jahren abgebrochen, aber noch ein weiteres halbes Jahr Leistungen bezogen. Nun möchte sie eine schulische Ausbildung zur Ergotherapeutin machen. Es handelt sich um eine eigentlich nach dem BAföG förderungsfähige Ausbildung. Da es sich aber um eine hier nicht förderungsfähige Zweitausbildung handelt – K. hat die Erstausbildung nicht unverzüglich abgebrochen –, erhält sie kein BAföG. Sie erhält auch kein SGB II, da die Ausbildung dem Grunde nach förderungsfähig ist. Sie müsste nebenbei arbeiten, um die Ausbildung zu finanzieren (Ggf. kann sie darüber hinaus aber Wohngeld beantragen).

SGB II wird vor allem deswegen nicht gewährt, weil Auszubildende dem Arbeitsmarkt nicht zur Verfügung stehen. Etwas anderes wäre es, wenn K. eine betriebliche Ausbildung zur KFZ-Mechanikerin ohne wichtigen Grund abgebrochen hätte und nun eine Tischler*innenlehre absolvieren möchte. Da es sich um eine dem Grunde nach BAB geförderte Ausbildung handelt, könnten Leistungen nach dem SGB II beantragt werden.

b) Vollleistungen nach dem SGB II für eine Ausbildung, die weder gemäß BAB noch über BAföG förderungsfähig ist

Da es grundsätzlich eine lückenlose Ausbildungsförderung geben muss, gibt es Fälle, in denen ausnahmsweise Leistungen nach dem SGB II für die Ausbildungsförderung gewährt werden. Ist eine Ausbildung dem Grunde nach nicht über BAB oder BAföG förderungsfähig, kann demnach für die konkrete Ausbildung weder BAB noch BAföG beantragt werden, jedoch können Leistungen nach dem SGB II in Anspruch genommen werden.

Dies ist der Fall, wenn

- die Ausbildung in einer anderen nicht BAföG-fähigen Einrichtung absolviert wird (etwa, wenn es sich um keinen anerkannten Ausbildungsberuf handelt)
- der junge Mensch sich auf einer allgemeinbildenden weiterführenden Schule befindet und bei seinen*ihren Eltern wohnt oder er*sie kein BAföG bekommt, weil er*sie zwar eine eigene Wohnung bewohnt, aber die zumutbare Entfernung zwischen Ausbildungsstätte und elterlicher Wohnung unterschritten ist, sodass dennoch kein Anspruch auf BAföG besteht
- der junge Mensch eine (betriebliche oder außerbetriebliche) Berufsausbildung macht und noch im elterlichen Haushalt lebt
- der*die betreffende Besucher*in eines Abendgymnasiums ist, aber bei Ausbildungsbeginn schon mindestens 30 Jahre alt war und deshalb keinen Anspruch auf BAföG hat.

c) Leistungen bis zur Entscheidung über den Antrag auf Ausbildungsförderung für Schüler*innen und Studierende im elterlichen Haushalt (§ 7 Abs. 6 Nr. 2b SGB II)

Darüber hinaus ist vorgesehen, dass Schüler*innen und Studierende im elterlichen Haushalt bis zur Entscheidung über den BAföG-Antrag Leistungen nach dem SGB II erhalten können, bis die Entscheidung vom Amt für

Ausbildungsförderung getroffen worden ist. Der Anspruch endet mit Beginn des Monats, der auf die Entscheidung über das BAföG folgt.

d) Leistungen nach § 27 SGB II

Auszubildende, die keinen Anspruch auf (ergänzende) Leistungen nach dem SGB II haben, können Leistungen für Auszubildende nach dem § 27 SGB II beantragen. Dies betrifft im Wesentlichen BAföG-Berechtigte, die außerhalb des Familienhaushalts wohnen und studieren, sowie den Teil der BAB-Berechtigten, die im Internat bei Vollverpflegung untergebracht sind. Die in § 27 SGB II geregelten Leistungen gelten nicht als Leistung nach dem Bürger(*innen)gesetz (§ 27 Abs. 1 Satz 2 SGB II). Vorgesehen sind hiernach Leistungen für Mehrbedarfe wegen Schwangerschaft, für Alleinerziehende, bei kostenaufwendiger Ernährung, für die dezentrale Warmwassererzeugung und andere unabweisbare Sonderbedarfe, sowie Bedarfe für Erstausstattungen für Bekleidung und bei Schwangerschaft und Geburt. Möglich sind außerdem Überbrückungsdarlehen in dem Monat des Ausbildungsbeginns, wenn sich die Zahlung der ersten BAföG-Leistung bis zum Monatsende verzögert. In besonderen Härtefällen bestehen zudem Ansprüche auf die Gewährung von Darlehen in Höhe des Regelbedarfs, der Bedarfe für Kosten als Unterkunft und Heizung (KdUH), der Bedarfe für das Bildungs- und Teilhabepaket (BuT) sowie für notwendige Beiträge zur Kranken- und Pflegeversicherung.

Mehrbedarfe

Da die Ausbildungsförderung nach BAB oder BAföG nur Regelbedarfe abdeckten und besondere Ausgaben, die aufgrund besonderer Lebenssituationen anfallen, nicht berücksichtigen, wird die Unterstützung für diese sog. Mehrbedarfe über das SGB II – angelehnt an die dortigen Regelungssysteme – gewährleistet. Mehrbedarfe für Auszubildende sind vorgesehen bei

(a) Schwangerschaft: Die Auszubildende erhält ab der 12. Schwangerschaftswoche 17 Prozent des maßgeblichen Regelsatzes (§ 27 Abs. 2 i. V. m. § 21 Abs. 2 SGB II).
(b) Mehrbedarf für Alleinerziehende: Auszubildende, die mit einem oder mehreren minderjährigen Kindern über sieben Jahren zusammenleben und diese allein pflegen und erziehen, erhalten 36 bis 60 Prozent des maßgeblichen Regelsatzes, (§ 27 Abs. 2 i. V. m. § 21 Abs. 3 SGB II).

(c) Mehrbedarf für kostenaufwendige Ernährung: Ein angemessener Mehrbedarf wird bewilligt, wenn der*die Auszubildende eine aus medizinischen Gründen kostenaufwendige Ernährung benötigt. Die Unterstützung orientiert sich an den tatsächlichen Kosten, die für die Ernährung aufgewandt werden müssen (§ 27 Abs. 2 i. V. m. § 21 Abs. 5 SGB II).
(d) Mehrbedarf bei unabweisbarem, laufendem, nicht einmaligem Bedarf: Erfasst werden hier besondere Lebenssituationen und damit einhergehende Bedarfe, sofern sie laufend entstehen. Hier kann z. B. an Kosten, die im Umgang mit einem auswärtig lebenden leiblichen Kind entstehen, gedacht werden (§ 27 Abs. 2, § 21 Abs. 6 SGB II).
(e) Erstausstattung für Bekleidung und Erstausstattung bei Schwangerschaft und Geburt: Übernommen wird hier die erste Ausstattung. Hierunter dürfte Schwangerschaftsbekleidung, aber auch eine Babyausstattung, Kinderwagen, Bekleidung bis zum Wickeltisch fallen (§ 27 Abs. 2, 24 Abs. 3 Nr. 2 SGB II).

Härtefälle

Daneben können die Auszubildenden im Falle von Härten Leistungen beantragen. Die Entscheidung hierüber steht im pflichtgemäßen Ermessen des Jobcenters. Die Leistungen erfolgen grundsätzlich auf Basis von Darlehen, die zurückgezahlt werden müssen. Hier können für Regelbedarfe, den Mehrbedarf nach § 21 Abs. 7 SGB II, Bedarfe für Unterkunft und Heizung sowie für Bildung und Teilhabe Leistungen bewilligt werden.

Im Gesetz sind zwei Regelfälle benannt: Der*Die Auszubildende erhält wegen Überschreitung der Altersgrenze (30 Jahre) kein BAföG mehr und die Ausbildung ist zur Eingliederung ins Arbeitsleben zwingend erforderlich. Ohne Förderung muss der Abbruch drohen. In diesem Fall erhält der*die Auszubildende die Förderung sogar als Zuschuss.

Außerdem können für den Monat der Aufnahme der Ausbildung Leistungen für den Lebensunterhalt bewilligt werden (§ 27 Abs. 3 Satz 4 SGB II), wenn die erste Ausbildungsvergütung oder BAföG-Zahlung erst am Ende des Monats erfolgen wird. Dies umfasst aber keine Wohnungsbeschaffungskosten. Diese Förderung erfolgt auf Darlehensbasis.

Im Übrigen kann in besonderen Härtefällen nach § 27 Abs. 3 SGB II unterstützt werden. Hierzu haben sich im Wesentlichen drei Fallgruppen herausgebildet:

- Wegen einer Ausbildungssituation ist ein Hilfebedarf entstanden, der nicht durch BAföG/BAB gedeckt ist, z. B. unverschuldete Ausbildungsverlängerung.
- Die weit fortgeschrittene, bisher kontinuierlich betriebene Ausbildung wird aufgrund konkreter Umstände des Einzelfalls wegen einer Behinderung, Krankheit oder Geburt des Kindes verlängert.
- Nur über die konkrete Ausbildung ist eine Eingliederung ins Arbeitsleben möglich.

Daneben sind weitere Fallkonstellationen denkbar. Voraussetzung ist stets, dass kein ausreichendes Einkommen und Vermögen vorhanden sind. Die Nichtgewährung einer Unterstützung muss eine besondere Härte für den*die Auszubildende*n bedeuten. Es handelt sich um Ausnahmefälle!

5. Bürger(*innen)geld-Leistungen nach dem SGB II

Junge Menschen, die sich nicht in der Ausbildung befinden und damit keinen Anspruch auf Berufsausbildungsbeihilfe oder BAföG haben, können Leistungen nach dem SGB II beanspruchen, sofern sie sich nicht anderweitig unterstützen lassen können (z. B. Unterhalt, Halbwaisenrente u. a.). Der Anspruch auf Bürger(*innen)geld nach dem SGB II, welches zum 01.01.2023 die umgangssprachlich auch als Hartz IV bezeichneten Leistungen abgelöst hat, bringt einige bedeutende Änderungen mit sich. Die Grundstruktur bleibt jedoch im Wesentlichen erhalten.

5.1 Anspruchsberechtigung nach § 7 SGB II

Erwerbsfähige Menschen ab 15 Jahren erhalten Leistungen nach dem SGB II. Die Höchstaltersgrenze ist dynamisiert und ergibt sich aus der Tabelle in § 7a SGB II. Sind sie nicht arbeitsfähig oder überschreiten sie die Höchstaltersgrenze, erhalten sie Leistungen nach dem SGB XII (Sozialhilfe) bzw. Bürger(*innen)geld nach § 19 Abs.1 Satz 2 SGB II, sofern sie als Nichterwerbsfähige mit dem*der Berechtigten auf Leistungen nach dem SGB II in Bedarfsgemeinschaft leben. Die Erwerbsfähigkeit ist Voraussetzung für Leistungen nach dem SGB II. Erwerbsfähigkeit liegt dann vor, wenn der junge Mensch auf absehbare Zeit, also innerhalb von sechs Monaten in der Lage ist, täglich mindestens drei Stunden zu arbeiten. Leistungen nach dem SGB II bekommen nur diejenigen Personen, die selbst hilfebedürftig sind. Können sie sich anderweitig unterstützen, gibt es keine Leistungen nach dem SGB II (§ 9 SGB II).

Eine weitere Voraussetzung für die Hilfegewährung ist, dass der junge Mensch den gewöhnlichen Aufenthalt in der Bundesrepublik Deutschland hat. Hierbei kommt es auf den tatsächlichen Aufenthalt an; eine polizeiliche Meldung ist hierfür keine zwingende Voraussetzung. Ausgenommen von Leistungen nach dem SGB II sind gemäß § 7 Abs. 1 S. 2 Ausländer*innen, die in Deutschland weder Arbeitnehmer*in oder selbstständig und auch nicht aufgrund ihrer EU-Zugehörigkeit aufenthaltsberechtigt sind. Für EU-Bürger*innen besteht eine allgemeine Freizügigkeitsvermutung, die erst durch eine besondere Verlustfeststellung endet. Das bedeutet, dass diesen Personen den Aufenthalts- und Arbeitsort frei wählen können. Weiter setzt ein Bezug von Leistungen nach dem SGB II einen Aufenthaltstitel voraus. Personen mit einer Aufenthaltsgestattung (insbesondere Asylbewerber*innen), aber auch geduldete Personen erhalten keine Leistungen nach dem SGB II. Sie erhalten Leistungen nach dem Asylbewerberleistungsgesetz. Diese Leistungen sind im Allgemeinen geringer. Hier können auch Sachleistungen statt Geldleistungen gewährt werden.

Gemäß § 9 SGB II ist hilfebedürftig, wer seinen*ihren Lebensunterhalt nicht oder nicht ausreichend aus dem zu berücksichtigenden Einkommen sichern kann und die erforderlichen Hilfen nicht von anderen, insbesondere von Angehörigen oder anderen Sozialleistungsträgern erhält. Die Bedarfsberechnung selbst erfolgt durch die Gegenüberstellung von Bedarf, Einkommen und Vermögen. Bei den erwerbsfähigen Leistungsberechtigten wird der Bedarf durch das SGB II gedeckt, bei dem mit ihnen in Bedarfsgemeinschaft lebenden, nicht erwerbsfähigen Hilfebedürftigen durch Sozialgeld. Auch das Sozialgeld ist im SGB II, und zwar hier im § 19 und § 23, geregelt. Der Höhe nach gibt es keine Abweichungen zum SGB II, Unterschiede gibt es jedoch bei Verfahrensregelungen. Mit der Bürger(*innen)geld-Reform wurde die Unterscheidung zwischen Arbeitslosengeld II und Sozialgeld zum 01.01.2023 abgeschafft. Mit der Einführung des Bürger(*innen)geldes werden die Begriffe *Arbeitslosengeld II* und *Sozialgeld* abgelöst. Im Gesetz wird aber weiterhin zwischen erwerbsfähigen und nicht erwerbsfähigen Leistungsberechtigten unterschieden. Das bisherige *Arbeitslosengeld II* wird nach § 19 Absatz 1 Satz 1 SGB II als *Bürgergeld für erwerbsfähige Leistungsberechtigte* bezeichnet; das bisherige Sozialgeld nach § 19 Absatz 1 Satz 2 SGB II als *Bürgergeld für nicht erwerbsfähige Leistungsberechtigte*.

Zur besseren Lesbarkeit wird im Merkblatt zur Antragstellung, dort wo eine Unterscheidung erforderlich ist, die Formulierung *Bürgergeld für erwerbsfähige Leistungsberechtigte* oder *Bürgergeld für nicht erwerbsfähige Leistungsberechtigte* verwendet. In allen übrigen Fällen wird die Bezeichnung *Bürgergeld*[29] genutzt.

5.2 Bedarf, Hilfe zum Lebensunterhalt und Kosten der Unterkunft

Der zu errechnende Bedarf setzt sich beim Bürger(*innen)geld aus den Kosten zum Lebensunterhalt sowie den Kosten zur Unterkunft und Heizung zusammen. Während sich die Hilfe zum Lebensunterhalt an festen Regel-

---

[29] https://www.arbeitsagentur.de/datei/merkblatt-buergergeld_ba043375.pdf, S. 2, aufgerufen am 10.01.2024

sätzen orientiert, errechnet sich der Bedarf bei den Unterkunfts- und Heizungskosten nach den tatsächlichen Kosten, die aufgewendet werden müssen, sofern diese angemessen sind.

a) Regelbedarf, Mehrbedarf und weitere Leistungen

Gemäß § 20 Abs. 1 SGB II umfasst der Regelbedarf zur Sicherung des Lebensunterhalts insbesondere Ernährung, Kleidung, Körperpflege, Hausrat, Hausenergie, ohne auf die Heizung und die Erzeugung von Warmwasser entfallenden Anteile, sowie persönliche Bedürfnisse des täglichen Lebens. Die Regelbedarfe sind nach Altersstufen der Haushaltsangehörigen gestaffelt und werden jeweils zum Jahresanfang angepasst. Für bestimmte Personengruppen und bestimmte Kosten werden sog. Mehrbedarfe entrichtet. Die Höhe richtet sich nach dem Regelbedarf. Es werden zwei Arten eines Mehrbedarfs unterschieden:

a) Gruppe von Mehrbedarfstatbeständen, bei denen ein zusätzlicher Betrag nach einem bestimmten Prozentanteil des Regelbedarfs gewährt wird (z. B. 17 Prozent des Regelsatzes ab der 12. Schwangerschaftswoche für werdende Mütter)
b) Gruppe von Mehrbedarfstatbeständen, (z. B. Mehrbedarf in angemessener Höhe bei kostenaufwendiger Ernährung, die medizinisch erforderlich ist).

Darüber hinaus können einmalige Bedarfe bewilligt werden. Sogenannte Sonderbedarfe sind in § 21 SGB II geregelt.

Eckregelbedarf und Regelbedarf Angehörige

Alleinstehende oder Alleinerziehende erhalten seit dem 01.01.2024 eine Regelleistung in Höhe von 563,00 Euro. Eheleute, Mitglieder einer nichtehelichen Lebensgemeinschaft u. a. erhalten je Partner*in Regelleistungen in Höhe von 506,00 Euro, sonstige Volljährige erhalten 402,00 Euro. Jugendliche zwischen 14 und 17 Jahren erhalten 471,00 Euro. Kinder zwischen 6 und 13 Jahren 390,00 Euro und Kinder unter 6 Jahren 357,00 Euro.

Mehrbedarfe nach § 21 SGB II

Bestimmte Fallgruppen erhalten einen Mehrbedarf, jeweils in Höhe eines festgelegten Prozentsatzes des einschlägigen Regelsatzes (Haushaltsvorstand, übrige Erwachsene u. a.) oder entsprechend in angemessener Höhe. Geregelt ist dies in § 21 SGB II.

So erhalten werdende Mütter ab der 12. Schwangerschaftswoche einen Mehrbedarf in Höhe von 17 Prozent des einschlägigen Regelsatzes. Personen, die mit einem Kind unter sieben Jahren oder mit zwei oder drei Kindern unter 16 Jahren zusammenleben und allein für deren Pflege und Erziehung sorgen, wird ein Mehrbedarf von 36 Prozent gezahlt. Erwerbsfähige behinderte Leistungsberechtigte erhalten einen Zusatz von 35 Prozent des einschlägigen Regelsatzes. Personen, die aus medizinischen Gründen auf eine aufwendige Ernährung angewiesen sind, erhalten zusätzliche Leistungen in angemessener Höhe.

Erfolgt die Warmwasserversorgung in der Wohnung dezentral, also nicht über die Zentralheizung, wird ein Mehrbedarf für jede im Haushalt lebende leistungsberechtigte Person nach im Einzelnen geregelten Prozentsätzen (§ 21 Abs. 7 SGB II) bewilligt.

Darüber hinaus erhalten Personen in besonderen Fällen einen Zuschlag als Mehrbedarf, wenn dies unabweisbar ist. Dies wird z. B. angenommen, wenn für den*die Leistungsberechtigte*n Fahrtkosten zur Ausübung seines*ihres Umgangsrechts entstehen.

Grundsätzlich können auch mehrere Mehrbedarfstatbestände einschlägig sein. Die Summe des insgesamt anerkannten Mehrbedarfs darf die Höhe des für den*die erwerbsfähige*n Leistungsberechtigte*n maßgeblichen Regelsatzes nicht übersteigen. Der Betrag für den Mehrbedarf soll regelmäßig anfallende Kosten decken.

Einmalige Leistungen

Neben dem Regelsatz und Mehrbedarf kann im Einzelfall auch ein Antrag auf einmalige Leistungen gestellt werden. Dies betrifft insbesondere die Kosten für die Erstausstattung für Wohnungen einschließlich Haushaltsgeräte. Zu den einmaligen Leistungen zählen zudem die Erstausstattung für Kleidung und die Erstausstattung bei Schwangerschaft und Geburt sowie die Anschaffung und Reparatur von orthopädischen Schuhen, Reparaturen von therapeutischen Geräten und Ausrüstungen sowie die Miete von therapeutischen Geräten, sofern es sich um Kosten der Erstausstattung handelt. Eine Erstausstattung liegt, im Gegensatz zur Ersatz- und Ergänzungsbeschaffung, immer dann vor, wenn die Leistungsberechtigten einen Bedarf für eine Grundausstattung haben. Ein solcher Bedarf liegt nicht nur dann vor, wenn tatsächlich erstmals im Leben eine eigene Wohnung bezogen wird oder erstmals eine Ausstattung mit Bekleidung erfolgt, sondern auch dann, wenn nach Elementarereignissen (z. B. Wohnungsbrand, Überschwemmung), nach einer Trennung, Heirat oder Verpartnerung oder nach Obdachlosigkeit eine Grundausstattung benötigt wird.

Im Allgemeinen werden von den einzelnen Bundesländern bzw. von den Kommunen Richtlinien hinsichtlich der Höhe der Erstausstattung erlassen, die für die Verwaltung dann auch selbst bindend sind.

b) Kosten der Unterkunft und Heizung

Gemäß § 22 SGB II werden auch die Aufwendungen für Unterkunft und Heizung in tatsächlicher Höhe übernommen, sofern sie angemessen sind. Mit der Bürger(*innen)geld-Reform seit dem 01.01.2023 wird eine Prüfung der Angemessenheit für die ersten zwölf Monate des Leistungsbezuges nicht mehr vorgenommen. Bis dahin werden die Kosten der Unterkunft in tatsächlicher Höhe übernommen. Dies gilt jedoch nicht für Heizkosten, die weiterhin nur in angemessener Höhe übernommen werden.

Zu übernehmende Kosten

Grundsätzlich werden Kaltmiete und kalte Betriebskosten[30] sowie warme Betriebskosten, insbesondere Heizkostenvorschüsse, als Unterkunftskosten übernommen. Werden die Heizkosten an Dritte gezahlt (Gasetagenheizung u. a.), sind die Kosten auch insofern zu übernehmen. Zu den Nebenkosten gehören nicht nur die anfallenden Vorschüsse, sondern auch etwaige Nachzahlungen, die im Rahmen der jährlichen Abrechnung anfallen, sofern sie angemessen sind. Guthaben aus Nebenkosten stehen grundsätzlich dem Sozialleistungsträger zu, dürfen von diesem allerdings nur im Folgemonat des Zuflusses berücksichtigt werden, § 22 Abs. 3 SGB II. Hier gibt es in der Praxis regelmäßig Unsicherheiten bei den Leistungsträgern, sodass sich eine genaue Prüfung lohnt.

Neben diesen Kosten werden auch Kosten übernommen, die im Zusammenhang von Schönheitsreparaturen oder Kleinreparaturen entstehen. Sollte der*die Mieter*in verpflichtet sein, Schönheitsreparaturen durchzuführen, können die Kosten hierfür vom Amt verlangt werden. Im Allgemeinen tragen die Ämter nur Materialkosten.

---

30 Dies sind laufende Kosten, die im Zusammenhang mit der Nutzung von Wohnraum für Hauseigentümer*innen anfallen, wie Grundsteuer, Wasserkosten, Straßenreinigung, Versicherung u.a.

Zusicherung des Jobcenters für die Übernahme der Miete

Vor Anmietung und Einzug sollte unbedingt die Zusicherung des Jobcenters eingeholt werden, dass dieses auch die Kosten der Unterkunft übernimmt.

Zu den Kosten der Unterkunft gehören ferner Wohnungsbeschaffungskosten und Umzugskosten. Allerdings ist hierfür die Einholung einer vorherigen Zusicherung beim Sozialleistungsträger zwingend erforderlich. Insbesondere soll dieser die Übernahme der Mietkaution als Wohnungsbeschaffungskosten zusichern, wenn er den Umzug veranlasst oder dieser aus anderen Gründen notwendig ist und wenn ohne Übernahme der Mietkaution eine Unterkunft in einem angemessenen Zeitraum nicht gefunden werden kann. Zu den Wohnungsbeschaffungskosten gehören auch die Anteile einer Genossenschaft, die bei Einzug in Genossenschaftswohnungen regelmäßig anfallen. Mietkaution und Genossenschaftsanteile werden grundsätzlich als Darlehen erbracht und müssen zurückgezahlt werden (§ 22 Abs. 6 SGB II).

Angemessenheit der Unterkunftskosten

Zur Übernahme der Kosten der Unterkunft ist das Jobcenter nur verpflichtet, wenn die Kosten angemessen sind. Die Angemessenheitsgrenzen werden aufgrund von Verwaltungsvorschriften ermittelt, wobei diese allerdings für die Gerichte nicht bindend sind. Die Angemessenheit wird anhand der örtlichen Verhältnisse ermittelt. Sie orientiert sich maßgeblich an der im jeweiligen örtlichen Vergleichsraum aufzuwendenden Nettokaltmiete für eine nach Größe und Wohnstandard angemessenen Wohnung. Angemessen ist eine Wohnung dann, wenn sie nach Ausstattung, Lage und Bausubstanz einfachen und grundlegenden Bedürfnissen entspricht und keinen gehobenen Wohnstandard aufweist. Die Angemessenheitsgrenze orientiert sich in der Regel an der Anzahl der Bewohner*innen und legt eine bestimmte Mietobergrenze fest. Sollte diese Obergrenze überschritten werden, gilt die Miete als unangemessen. Unangemessene Mieten werden grundsätzlich nicht vom Jobcenter übernommen. Wohnen die Hilfeempfänger*innen bereits bei Beginn des Bezuges von Leistungen nach dem SGB II in einer Wohnung mit einer unangemessen hohen Miete oder steigt die Miete auf ein entsprechend hohes Niveau, fordert das Amt nach Ablauf einer Karenzzeit nach § 22 Abs. 1 S. 3 SGB II und nach einer Wirtschaftlichkeitsprüfung die Leistungsberechtigten zur Kostensenkung auf. Die Leistungsberechtigten werden aufgefordert, sich innerhalb von sechs Monaten eine neue billigere Wohnung zu suchen, die den Angemessenheitskriterien entspricht. Zum Ablauf dieser Frist wird vom Amt nur noch die angemessene Miete gezahlt.

Aber: Die Angemessenheitsrichtwerte können im Einzelfall überschritten werden. Dies gilt insbesondere für Personengruppen, die einen erschwerten Zugang zum Wohnungsmarkt haben. Die Kriterien sind im Allgemeinen in den Ausführungsvorschriften der Länder und Kommunen geregelt. So sieht beispielweise Berlin vor, dass die Richtwerte bis zu 10 Prozent überschritten werden können, wenn die Neuanmietung der Wohnung erforderlich war oder ein Härtefall vorliegt, z. B. Schwangerschaft, Alter oder Wohndauer. In Berlin ist sogar eine Überschreitung bis zu 20 Prozent möglich, wenn von Obdachlosigkeit bedrohte oder wohnungslose Personen untergebracht werden sollen. Dies gilt auch für Personen, die bislang in einer Unterkunft für Geflüchtete untergebracht sind.

Ferner gilt: Die Ermittlung der jeweiligen Angemessenheitswerte hat nach der Rechtsprechung des Bundessozialgerichtes mit Hilfe eines sog. „schlüssigen Konzeptes" zu erfolgen. Ob die jeweilige Kommune ein solches schlüssiges Konzept erarbeitet hat, gehört zu den sozialgerichtlich stark umstrittenen Fragen. Wenn die Gerichte das Konzept der Kommunen für nicht schlüssig erachten, werden in der Regel hilfsweise die Werte aus der Wohngeldtabelle zuzüglich eines Sicherheitszuschlages von 10 Prozent herangezogen (so z. B. aktuell in Berlin).

Auszugsverbot für unter 25-Jährige

Unter 25-Jährige bedürfen in der Regel der Zusicherung des Jobcenters, wenn sie eine eigene Wohnung beziehen wollen. Dieses Auszugsverbot hat jedoch folgende Einschränkung. Es gilt nur für junge Menschen, die auch bisher SGB-II-Leistungen bezogen haben oder für solche, die in der Absicht aus dem Familienhaushalt ausziehen, um die Voraussetzungen des Leistungsbezuges herbeizuführen. Ungenehmigte erstmalige Umzüge und der Verstoß gegen § 22 Abs. 5 SGB II führen zum Verlust jeglichen Anspruchs auf Unterkunfts- und Heizungskosten. Darüber hinaus erhalten sie auch keine Leistungen zur Erstausstattung der Wohnung. Sie erhalten lediglich die Leistungen wie im Familienhaushalt.

Berechtigte Gründe für den Auszug von unter 25-Jährigen in eine eigene Wohnung

Aber: Der Sozialleistungsträger ist zur Erteilung der Auszugsgenehmigung verpflichtet, wenn

- der*die Betroffene aus schwerwiegenden sozialen Gründen nicht auf die Wohnung der Eltern verwiesen werden kann
- der Bezug der Unterkunft zur Eingliederung in den Arbeitsmarkt erforderlich ist
- ein sonstiger ähnlich schwerwiegender Grund vorliegt. Von einem schwerwiegenden sozialen Grund ist auszugehen, wenn das Elternverhältnis zerrüttet ist, wenn dieses geprägt ist von Gewalt und Missbrauch. Ein weiterer Grund kann sein, dass die Eltern unter einer Suchterkrankung leiden oder eine sonstige Gefahr für das körperliche, geistige und seelische Wohl des Kindes und des jungen Erwachsenen vorliegt. Dies muss im Zweifelsfall nachgewiesen werden. Ein sonstiger schwerwiegender Grund ist eine Schwangerschaft oder der Wunsch, mit einem gemeinsamen Kind zusammenzuwohnen. Das Auszugsverbot gilt nur beim erstmaligen Auszug aus der elterlichen Wohnung. Keine Anwendung findet diese Regelung, wenn bereits vor Leistungsbeginn der junge Mensch eine eigene Wohnung bezogen hat.
- Auch wenn junge Menschen unter 25 Jahren bereits selbst Kinder haben, räumt ihnen diese Lebenssituation das Recht ein, eine eigene Wohnung zu beziehen. Haben sie ein Kind bekommen, während sie noch im Familienhaushalt leben, bilden sie nicht länger eine Bedarfsgemeinschaft mit ihren Eltern. Das gilt selbst, wenn sie minderjährig ein Kind bekommen und noch im Familienhaushalt wohnen. Sobald Sie ein Baby haben, bilden sie eine eigene Bedarfsgemeinschaft.
- Wenn der Anspruch auf Genehmigung zum Auszug nachträglich wegfällt, führt dies auch nicht dazu, dass das Jobcenter den jungen Menschen verpflichten könnte, in den elterlichen Haushalt zurückzuziehen.

Anrechnung von Einkommen und Vermögen
Von dem ermittelten Bedarf sind das Einkommen und das einzusetzende Vermögen in Abzug zu bringen.

Einkommen
Gemäß § 11 Abs. 1 S. 1 SGB II versteht man hierunter alle Einnahmen abzüglich der nach § 11b abzusetzenden Beträge mit Ausnahme der in § 11a genannten Einnahmen. Kein Einkommen und damit auch nicht als solches auf die Sozialleistung anrechenbar stellen Grundrenten nach dem Bundesversorgungsgesetz, Schmerzensgeld, Zuwendungen der freien Wohlfahrtspflege und auch eingeschränkt freiwillige Leistungen Dritter dar. Alle übrigen Zuflüsse sind als Einkommen zu berücksichtigen, wobei hiervon nach § 11b SGB II noch diverse Beträge abgesetzt werden können. Laufende Einnahmen sind im Monat des Zuflusses zu berücksichtigen. Dies gilt auch für Einmaleinkommen, außer es wurden bereits Leistungen für den Zuflussmonat erbracht. In diesem Fall ist das Einmaleinkommen im Folgemonat zu berücksichtigen, § 11 Abs. 3 S. 3 SGB II. Die Unterscheidung zwischen laufendem und Einmaleinkommen fiel mit der Einführung des Bürger(*innen)geldes weg.

Einkommensbereinigung
Von den Einkünften sind nach § 11b SGB II folgende Beträge in Abzug zu bringen:
- Steuern und Sozialabgaben
- Versicherungen, insbesondere eine 30-Euro-Pauschale für volljährige Leistungsberechtigte, § 6 Abs. 1 Nr. 2 Alg-II-VO
- Werbekosten, insbes. Kilometerpauschale bzw. Kosten für ein Sozialticket für ÖPNV
- Aufwendungen zur Erfüllung der gesetzlichen Unterhaltsverpflichtung bis zu dem in einem Unterhaltstitel oder in einer notariell beurkundeten Unterhaltsvereinbarung festgelegten Betrag

Bürger(*innen)geld und Einkommensfreigrenzen:
- 100 Euro sind anrechnungsfrei – können also ohne Abzug hinzuverdient werden
- Bei einem Zuverdienst zwischen **100,01 EUR – 538 EUR** rechnet das Jobcenter 80 % des Einkommens auf den Regelsatz an, 20 % sind anrechnungsfrei:
  - Beispiel: Bei einem Zuverdienst von 200 Euro im Rahmen eines Minijobs sind (die ersten) 100 Euro anrechnungsfrei. Die weiteren 100 Euro

werden zu 80% als Einkommen angerechnet und 20 Euro sind anrechnungsfrei. Das heißt, der Regelbedarf an Bürgergeld reduziert sich um 80 Euro. Mit dem Minijob hat die Person aber 120 Euro mehr Geld zur Verfügung als ausschließlich mit Bürgergeld.

Die weiteren Zuverdienstgrenzen staffeln sich wie folgt:

- Bei einem Zuverdienst über 538 Euro (wenn es sich also i. d. R. nicht mehr um einen Minijob handelt), d. h. ab **538,01 EUR** bis **1.000 EUR** werden 70% des Einkommens angerechnet. 30 % Ihres Einkommens bleiben dann noch für Sie anrechnungsfrei.
- Ab einem Einkommen von **1.000,01 EUR** bis **1.200 EUR** rechnet das Jobcenter 90% auf den Regelbedarf an. Nur 10% bleiben noch anrechnungsfrei.
- Gehören minderjährige Kinder zur Bedarfsgemeinschaft liegt die Höchstverdienstgrenze bei **1.500 EUR.**

Einkommensbereinigung bei Schüler*innen, Studierenden und Auszubildenden

Schüler*innen können ab 1. Januar 2024 monatlich 538 Euro hinzuverdienen, ohne dass sich der Bürger(*innen)geldanspruch dadurch vermindert bzw. gekürzt wird. Das gilt für Schülerjobs, egal, wann im Jahr und über welchen Zeitraum sie ausgeübt werden.

Die gesetzliche Regelung hierzu findet sich in § 11b Abs. 2a SGB II. Diese Regelung gilt für alle **Schüler*innen, Student*innen und Auszubildende,** die das 25. Lebensjahr noch nicht vollendet haben und **neben ihrer Ausbildung einer Nebentätigkeit** nachgehen. Eine Ausbildungsvergütung wird von diesem Freibetrag nicht umfasst und unterliegt der bisherigen Regelung zur Einkommensanrechnung.

Ferienjobs werden ab dem 01. Juli 2023 komplett von der Anrechnung auf das Bürgergeld nach § 11a Abs. 7 SGB II ausgenommen. Mit der Neueinführung des erhöhten Freibetrags erhalten **Schüler*innen, Student*innen und Auszubildende** mehr finanziellen Spielraum durch das anrechnungsfreie Einkommen nach § 11b Abs. 2b SGB II (n. F.) bis zur Höhe der Minijob-Grenze von 538 Euro monatlich (§ 8 Abs. 1a SGB IV).

Diese Regelung gilt auch für Schulabgänger*innen einer allgemein- oder berufsbildenden Schule bis zum Ablauf des dritten Monats, der auf das

Ende der Ausbildung folgt. Auch Freiwilligendienst-Leistende profitieren von dem neuen monatlichen Freibetrag auf das Einkommen.

Die Grenze zwischen Schüler*innenjob und Ferienjob ist allerdings nicht klar definiert.[31]

Vermögenseinsatz und Schonvermögen

Gemäß § 12 SGB II ist das gesamte verwertbare Vermögen mit Ausnahme der vom Vermögen abzusetzenden Freibeträge und des nicht zu berücksichtigenden Vermögens einzusetzen. Das Einkommen über den jeweiligen Freibeträgen ist voll einzusetzen. Wenn einzusetzendes Vermögen vorhanden ist, wird von den Anspruchsteller*innen erst erwartet, dass dieses aufgebraucht wird. Als Vermögen nicht einzusetzen sind gemäß § 12 Abs. 1 S. 2 SGB II bspw. angemessener Hausrat, ein angemessenes Kraftfahrzeug, Sachen und Rechte, deren Verwertung offensichtlich unwirtschaftlich ist u. a.

Freibeträge

Nicht anzusetzen sind ferner Freibeträge, die Leistungsbezieher*innen für sich behalten können.

Von dem zu berücksichtigenden Vermögen ist für jede Person der Bedarfsgemeinschaft ein Betrag in Höhe von 15.000,00 Euro abzusetzen, § 12 Abs. 2 S. 1 SGB II. Dabei sind bei einer Person übersteigende Beträge den Freibeträgen der anderen Mitglieder der Bedarfsgemeinschaft zuzuschlagen, soweit diese den Freibetrag nicht ausgeschöpft haben.

Karenzzeit

Für die Berücksichtigung von Vermögen gilt bei erstmaligem Bezug von Bürger(*innen)geld eine Karenzzeit von einem Jahr ab dem Monat des Leistungsbeginns, § 12 Abs. 3 S. 1 SGB II. In dieser Zeit wird Vermögen nur berücksichtigt, wenn es erheblich ist. Erheblich ist ein Vermögen, das in der Summe für die leistungsberechtigte Person 40.000 Euro zuzüglich 15.000 Euro für jede weitere in der Bedarfsgemeinschaft lebende Person

---

31 S. https://www.buergergeld.org/news/schueler-und-ferienjobs-beim-buergergeld-ab-01-07-2023/, aufgerufen am 10.01.2024.

überschreitet. Hierbei wird ein selbst genutztes Hausgrundstück bzw. eine selbst genutzte Eigentumswohnung ohne Rücksicht auf die Angemessenheitsgrenzen nach § 12 Abs. 1 S. 2 Nr. 5 SGB II nicht berücksichtigt. Es wird vermutet, dass kein erhebliches Vermögen vorhanden ist, wenn die Antragsteller*innen dies im Antrag erklären.

Wohnen in Gemeinschaften: Auswirkungen auf den Leistungsbezug
Sofern Leistungsberechtigte mit anderen Personen zusammenleben, stellt sich die Frage, inwiefern deren Einkünfte sich auf den Leistungsbezug des jungen Menschen auswirken. Insbesondere wenn vermutet wird, dass der junge Mensch von den mit ihm*ihr zusammenwohnenden Personen unterhalten und unterstützt wird, kommt eine Anrechenbarkeit in Betracht. Es wird zwischen Bedarfs- und Haushaltsgemeinschaften unterschieden.

Bedarfsgemeinschaft nach § 7 Abs. 3 SGB II
Beantragt ein Mitglied einer Bedarfsgemeinschaft Bürger(*innen)geld, wird in der Regel das Einkommen und Vermögen aller Mitglieder der Bedarfsgemeinschaft angerechnet. In einer Bedarfsgemeinschaft gibt es geringere Leistungen als für Alleinstehende. Mindestens ein Mitglied einer Bedarfsgemeinschaft muss erwerbsfähig und leistungsberechtigt im SGB II sein.
Zur Bedarfsgemeinschaft gehören

- die erwerbsfähige leistungsberechtigte Person;
- Partner*in (in Ehe oder eingetragener Partner*innenschaft), sofern diese nicht dauerhaft getrennt leben.
- Partner*in in einer eheähnlichen Lebensgemeinschaft, sofern er*sie im gemeinsamen Haushalt (Wohn- und Wirtschaftsgemeinschaft) leben und zwischen den Partner*innen ein wechselseitiger Wille besteht, dass sie füreinander Verantwortung tragen und einstehen.
- dem Haushalt angehörende unverheiratete Kinder unter 25 Jahren (es sei denn, das Kind hat selbst ausreichendes eigenes Einkommen bzw. Vermögen oder bildet mit eigenen Nachkommen eine Bedarfsgemeinschaft).
- Eltern oder Elternteil eines unverheirateten, erwerbsfähigen, unter 25-jährigen Kindes, wenn sie gemeinsam in einem Haushalt zusammenleben. Auch ein*e im gleichen Haushalt lebende Partner*in von Elternteilen gehören zur Bedarfsgemeinschaft.

In einem Haushalt können mehrere Bedarfsgemeinschaften bestehen.

Haushaltsgemeinschaft gemäß § 9 Abs. 5 SGB II

Leben Hilfebedürftige in Haushaltsgemeinschaft mit Verwandten oder Verschwägerten, so wird vermutet, dass die Hilfebedürftigen durch diese unterstützt werden. Diese Vermutung kann widerlegt werden. Zuwendungen werden errechnet und der Bedarf gegenübergestellt. Hierzu wird ein Freibetrag errechnet, dem Einkommen gegenübergestellt und der errechnete Überschuss halbiert. Der Freibetrag errechnet sich aus dem doppelten Eckregelsatz zuzüglich der übrigen Bedarfe und der Kosten der Unterkunft.

5.3 Ausbildung und SGB II, spezielle Förderung nach § 27 SGB II

Zu den speziellen Förderungsmöglichkeiten im SGB II im Rahmen der Ausbildung finden sich ausführliche Informationen in Abschnitt II.4.c Ausbildung und SGB II, spezielle Förderung nach § 27 SB II.

6. Wohngeld

Als weitere Möglichkeit einer Unterstützung kann man Wohngeld bekommen. Das Wohngeld ist keine klassische Sozialleistung. Vielmehr dient es der Unterstützung bei der Bewältigung der Unterkunftskosten. Das Wohngeld soll zur wirtschaftlichen Sicherung eines den Grundbedürfnissen entsprechenden Wohnens als Mietzuschuss für Mieter*innen eines Wohnraums und als Lastenzuschuss für Eigentümer*innen eines Eigenheims oder einer Eigentumswohnung dienen. Die angesprochenen Zuschüsse müssen von den Antragsteller*innen in der Regel nicht zurückerstattet werden, auch wenn eine Verbesserung des Einkommens vorliegen sollte. In diesem Fall erlischt lediglich der Anspruch. Dieses gilt aber nur, wenn keine Verstöße gegen die geltenden Anspruchsvoraussetzungen bei Beantragung und einer späteren Überprüfung der bewilligten Leistungen auftreten. Der*Die Antragsteller*in ist verpflichtet zuschussrelevante Änderungen seiner*ihrer Lebensverhältnisse rechtzeitig bei der zuständigen Behörde anzuzeigen.

Die entsprechenden gesetzlichen Grundlagen sind im Wohngeldgesetz (WoGG) und in der Wohngeldverordnung geregelt. Die gesetzlichen Regelungen zur Gewährung von Wohngeldansprüchen (z. B.: das Wohngeldgesetz) sind als besonderer Teil im Sozialgesetzbuch verankert (§ 26 SGB I). Wohngeld ist regional unterschiedlich hoch. Deutschlandweit gibt es sieben Mietstufen, je höher das Mietniveau einer Gemeinde, desto höher auch die Mietstufe.[32] Nach der Mietstufe richten sich die zu berücksichtigenden Mieten und das zu berücksichtigende Einkommen.

6.1 Wohngeldberechtigung

Wohngeldberechtigt sind Mieter*innen von Wohnraum, aber auch der*die selbstnutzende Eigentümer*in (§ 3 WoGG). Mieter*innen und selbst nutzende Eigentümer*innen von Eigentumswohnungen oder Eigenheimen haben einen Rechtsanspruch auf Wohngeld, wenn sie die rechtlichen Voraussetzungen erfüllen. Grundsätzlich hat pro Wohnung nur eine Person einen Wohngeldanspruch. Sind mehrere Personen wohngeldberechtigt, müssen sie sich darauf verständigen, wer den Antrag stellt. Im Zweifel zählt

---

32 www.wohngeld.org/mietstufe.html

der beim zuständigen Amt zuerst eingegangene Antrag. Das gilt letztlich auch für Wohngemeinschaften mit mehreren Hauptmieter*innen. Etwas anderes gilt, wenn Wohnraum untervermietet wird. In diesem Falle kann jede*r Untermieter*in für sich einen Antrag auf Wohngeld (für seinen Wohnraum) stellen. Einen Wohngeldantrag kann auch der- bzw. diejenige stellen, der*die zwar vom Wohngeldbezug ausgeschlossen ist, aber mit mindestens einer wohngeldberechtigten Person zusammenwohnt (§ 3 Abs. 4 WoGG).

Indirekter Wohngeldbezug/Wohngeld im Übergang für BAB- und BAföG-Berechtigte

BAföG- oder BAB-Berechtigte sind grundsätzlich vom Wohngeldbezug ausgeschlossen. Hier kommt es jedoch darauf an, ob die Förderung tatsächlich geleistet wird oder nicht. Auszubildende, die keine Ausbildungsförderung und auch keine Leistungen nach dem SGB II bekommen, können Wohngeld beantragen. Das betrifft zum Beispiel auch Student*innen mit eigenem Haushalt, die wegen Studiengangwechsel oder Überschreitung der Förderungshöchstdauer keine Förderung mehr bekommen. Entsprechendes gilt für BAföG-Empfänger*innen, die wegen der Länge der Förderung diese nur noch als Darlehen erhalten, § 7 Abs. 2 Satz 2 Nr. 1 WoGG. Diese Personengruppe bekommt weder BAföG noch Leistungen nach dem SGB II. Tatsächlich können sie aber (gerade deshalb) Wohngeld bekommen. Aber auch BAföG- oder BAB-Bezieher*innen können (indirekt) Wohngeld bekommen. Das wäre dann der Fall, wenn sie mit einer Person zusammenleben, die Wohngeld berechtigt ist, so z. B. eigene Kinder oder Mitbewohner*innen, die abhängig beschäftigt sind.

6.2 Wohngeldberechtigte ohne deutschen Pass

Menschen ohne deutschen Pass können nur dann Wohngeld bekommen, wenn sie über einen qualifizierten Aufenthalt verfügen; dies wird in § 3 Abs. 5 WoGG definiert.

6.3 Vom Wohngeld ausgeschlossene Personen

Da Wohngeld in Konkurrenz mit anderen Sozialleistungen steht, die zum Teil auch Kosten für die Unterkunft beinhalten, sind bestimmte Personengruppen (insbesondere Transferleistungsbezieher*innen) vom Wohngeldbezug ausgeschlossen, §§ 7, 20 WoGG, beziehungsweise nicht als Haushaltsmitglied berücksichtigt (s.u.):

(1) freiwillig Wehrdienstleistende
(2) BAföG/BAB-Berechtigte, hierzu gehören auch vergleichbare Leistungen[33]
(3) sofern alle Haushaltsmitglieder vom Wohngeld ausgeschlossen sind; dies trifft zum Beispiel zu, wenn alle Wohnungsnutzer*innen ihren Lebensunterhalt aus Leistungen des SGB II bestreiten
(4) bei rechtsmissbräuchlicher Inanspruchnahme von Wohngeld; dies ist insbesondere dann der Fall, wenn größeres Vermögen (mehr als 60.000,00 Euro) zur Verfügung steht.

6.4 Weitere Voraussetzungen

Da Wohngeld in Konkurrenz mit anderen Sozialleistungen steht, die zum Teil auch Kosten für die Unterkunft beinhalten, sind bestimmte Personengruppen (insbesondere Transferleistungsbezieher*innen) vom Wohngeldbezug ausgeschlossen, §§ 7, 20 WoGG, beziehungsweise nicht als Haushaltsmitglied berücksichtigt (s.u.):

a) Zu berücksichtigende Haushaltsmitglieder

Zu berücksichtigen sind neben der wohngeldberechtigten Person auch die Personen, die mit ihr zusammenleben. Hierzu gehören neben Ehegatt*innen auch Kinder, Pflegekinder, Stiefkinder oder andere Personen, mit denen sie zusammenleben. Dies gilt auch für Personen, die nur vorübergehend getrennt leben (z. B. Kind ist für ein Jahr auf Schüler*innenaustausch im Ausland).

b) Nicht zu berücksichtigende Miete/Belastung

(1) Personen, die Leistungen nach dem SGB II beziehen, auch Empfänger*innen von Sozialgeld – es sei denn, diese Leistungen werden darlehensweise gewährt
(2) Empfänger*innen von Übergangsgeld
(3) Personen, die Leistungen nach dem SGB VIII inklusive Kosten der Unterkunft beziehen; dies gilt nur, wenn alle Haushaltsangehörigen diese Leistungen erhalten (§ 7 Abs. 1 Nr. 7); also z. B. bei einer betreuten WG

---

[33] Sofern BAföG nicht ausschließlich als Darlehen gezahlt wird, siehe oben.

(4) Personen, die Grundsicherung erhalten (SGB XII) – es sei denn, dies wird nur darlehensweise gewährt
(5) Menschen, die Leistungen nach dem AsylbLG beziehen

c) Zu berücksichtigende Miete/Belastung
Es wird die Miete einschließlich der kalten Nebenkosten berücksichtigt, unberücksichtigt bleiben die Kosten für Heizung und Warmwasser sowie etwaige Zuschläge (Untermieter*innen oder Teilgewerbe etc.). Nicht berücksichtigt wird auch der Teil der Miete, der für gewerbliche Zwecke gezahlt wird, sowie der Teil, den die nicht zu berücksichtigenden Personen des Haushalts tragen. Im Zweifel wird dies nach Personen anteilig ermittelt, die Miete wird durch die Zahl der Bewohner*innen dividiert und der sich hieraus ergebende Betrag mit der Zahl der Wohngeldberechtigten multipliziert.

Beispiel: Wohnt W gemeinsam mit M, der von Grundsicherung lebt, in der Wohnung und beträgt die Bruttokaltmiete 600,00 Euro, werden nur 300,00 Euro als Miete berücksichtigt, da M keinen Anspruch auf Wohngeld hat.

Die Miete wird nur bis zu einem Höchstbetrag berücksichtigt, der sich nach Größe des Haushalts und der Mietstufe der jeweiligen Gemeinde ergibt (§ 12 WoGG) (vgl. www.gesetze-im-internet.de/wogg/__12.html).

Wohngeld: Was ist neu seit dem 01.01.2023?
Das BMWSB erläutert hierzu in den FAQs zur Wohngeldreform:
„Mit dem neuen Wohngeld werden erstmals auch die Heizkosten bezuschusst. Damit die Verwaltung keine Heizkostenabrechnungen prüfen muss, geschieht dies in Form eines Pauschalzuschlags, der in der Wohngeldberechnung berücksichtigt wird. Im Durchschnitt eines Ein-Personen-Haushalts im Wohngeld führt dies allein zu rund 60 Euro und im Durchschnitt eines 4-Personen-Haushalte zu rund 100 Euro mehr Wohngeld pro Monat. Aber auch die Bruttokaltmiete wird wesentlich stärker als bisher bezuschusst. Insgesamt wird das Wohngeld im Durchschnitt aller bisherigen Empfänger im Zusammenspiel aller Reformbausteine – Heizkostenkomponente, Klimakomponente und allgemeine Leistungserhöhung – mehr als verdoppelt. Zudem werden die Einkommensgrenzen des Wohngeldes deutlich angehoben und mehr als eine Million zusätzliche Haushalte – deren Einkommen für den Bezug der Leistung bislang zu hoch waren – werden erstmals einen Anspruch auf Wohngeld haben."
https://www.bmwsb.bund.de/SharedDocs/faqs/Webs/BMWSB/DE/wohnen/wohngeld-plus-gesetz/wohngeld-plus-liste.html, aufgerufen am 01.12.2023.

Wohngeld Plus
https://www.bmwsb.bund.de/SharedDocs/topthemen/Webs/BMWSB/DE/wohngeld-plus/wohngeld-plus-artikel.html, aufgerufen am 01.12.2023.

d) Zu berücksichtigendes Einkommen
Demgegenüber wird das zu berücksichtigende Haushaltseinkommen gestellt. Dies errechnet sich aus dem Einkommen aller zu berücksichtigenden Haushaltsmitglieder. Hierbei findet eine ähnliche Einkommensbereinigung statt, wie bereits oben im Abschnitt zu den SGB-II-Leistungen erörtert wurde, §§ 13-18 WoGG. Von den gesamten Einkünften werden Steuern und Sozialabgaben abgezogen. Spezielle Freibeträge für Kindererziehung und auch für Menschen mit Behinderung finden ebenso Berücksichtigung wie etwaige Unterhaltsleistungen, §§ 17 ff. WoGG. Die Berechnung der konkreten Wohngeldhöhe erfolgt dann nach der in § 19 WoGG bestimmten Formel. In der Praxis kann das Wohngeld recht einfach über einen Wohngeldrechner ermittelt werden (vgl. https://www.wohngeld.org/wohngeldrechner).

Wer Wohngeld bekommen möchte, muss einen Antrag stellen. Das Wohngeld wird in der Regel für ein Jahr bewilligt, dann muss ein Verlängerungsantrag gestellt werden. Das Wohngeld kann auf Antrag geändert werden, wenn sich die Anzahl der zu berücksichtigenden Haushaltsmitglieder ändert oder die Miete sich um 15 Prozent erhöht oder sich das Gesamteinkommen um mehr als 15 Prozent verringert, § 27 WoGG.

7. Kindergeld

Für minderjährige und zum Teil auch für volljährige Kinder wird Kindergeld gezahlt. Beim Kindergeld handelt es sich um keine Sozialleistung. Zwar wird es i. d. R. von den Familienkassen ausgezahlt, ist im Endeffekt aber eine steuerliche Ausgleichszahlung. Das Kindergeld soll das steuerliche Existenzminimum des Kindes freistellen und dient der Grundversorgung der in Deutschland lebenden Kinder vom Geburtsmonat an. Dabei entsteht der Anspruch automatisch, setzt aber einen schriftlichen Antrag voraus. Das Kindergeld hat eine feste Höhe und ist nicht abhängig von Einkommen oder Vermögen. Die Höhe ergibt sich aus § 6 BKGG (Bundeskindergeldgesetz).[34]

7.1 Anspruchsberechtigte

Einen Anspruch auf Kindergeld haben grundsätzlich die Eltern oder Erziehungsberechtigten (z. B. Adoptiv- oder Stiefeltern, Pflegeeltern, Großeltern) für Kinder, die im Haushalt der Familie aufgenommen wurden, § 32 EstG. Also auch Pflegeeltern können Kindergeld für ihr Pflegekind erhalten. Weiter wird vorausgesetzt, dass die Erziehungsberechtigten in Deutschland

- einen Wohnsitz oder gewöhnlichen Aufenthalt haben
- falls sie keinen Wohnsitz/gewöhnlichen Aufenthalt haben, dennoch in der Bundesrepublik Deutschland unbeschränkt steuerpflichtig sind.

Das Kindergeld bekommt der Elternteil, bei dem das Kind überwiegend lebt. Im Übrigen müssen sich die Eltern verständigen, wer das Kindergeld erhalten soll. Das Kind selbst hat einen eigenen Anspruch auf Kindergeld, wenn es Vollwaise ist oder seine Eltern nicht kennt, seinen Wohnsitz in Deutschland hat und nicht bei einer anderen Person als Kind im Hinblick auf Kindergeld berücksichtigt wird (§ 1 Abs. 2 BKGG).

---

[34] Es beträgt aktuell (Stand 01.01.2024) für alle Kinder jeweils 250,00 €. Die Staffelung des Kindergeldes wurde aufgegeben, für jedes Kind bekommen die Anspruchsberechtigten Kindergeld in gleicher Höhe.

7.2 Kindergeld für Minderjährige und unter bestimmten Voraussetzungen für Volljährige bis 25 Jahre

Kindergeld gibt es immer für minderjährige Kinder.[35] Mit Vollendung des 18. Lebensjahres bleibt der Kindergeldanspruch nur dann weiterhin bestehen, wenn sich das Kind in einer Schul- oder Berufsausbildung befindet oder bei der Agentur für Arbeit als arbeits- bzw. ausbildungssuchend gemeldet ist. In diesem Fall können Leistungen bis zur Vollendung des 25. Lebensjahres weitergezahlt werden (die Monate, in denen das Kind den gesetzlichen Wehr- oder Zivildienst abgeleistet hat, werden über das 25. Lebensjahr hinaus weitergezahlt). Wird eine Ausbildung abgeschlossen oder abgebrochen, dann wird für vier Monate Kindergeld gezahlt, sofern die zweite Ausbildung danach begonnen wird. Davon unabhängig kann auch nach Abschluss der ersten Ausbildung Kindergeld gezahlt werden, wenn das Kind danach nicht oder nur geringfügig (bis zu 20 Stunden) arbeitet, § 2 BKGG. Einkünfte als Au-pair oder aus Vermietung und Verpachtung sind im Hinblick auf das Kindergeld unschädlich.

Für Kinder, die in ihrer Teilhabe beeinträchtigt sind, gibt es keine Altersgrenze. Für sie gibt es das Kindergeld ihr Leben lang, sofern die Behinderung vor dem 25. Geburtstag erstmalig aufgetreten ist, § 32 Abs. 4 Nr. 3 EStG (Einkommenssteuergesetz).

7.3 Abzweigungsantrag

Unter dem Abzweigungsantrag wird die Abzweigung des Kindergeldes an ein volljähriges Kind verstanden, wenn die Eltern ihrer Unterhaltspflicht nicht oder nicht ausreichend nachkommen, § 74 EStG. Eine Abzweigung des Kindergeldes ist nur dann möglich, wenn der*die Kindergeldberechtigte regelmäßig keinen oder nur geringen Unterhalt zahlt (geringer als die Höhe des anteiligen Kindergeldes). Darüber hinaus muss ein Kindergeldanspruch bestehen. Der Abzweigungsantrag kann erfolgreich sein, wenn der*die Berechtigte/das Elternteil:

- dauerhaft kein oder nur unregelmäßig Unterhalt zahlt
- nur Unterhalt zahlt, der unter der Höhe des anteiligen Kindergeldes liegt
- mangels Leistungsfähigkeit (nicht genügend Einkommen) keinen Unterhalt zahlt

---

35 Im Einzelnen ist dies geregelt in § 32 EStG.

- seine*ihre Unterhaltspflichten bereits durch die Gewährung einer angemessen Erstausbildung erfüllt hat und für eine Zweitausbildung kein zivilrechtlicher Unterhaltsanspruch besteht. In diesem Fall wird keine Unterhaltspflicht verletzt, dennoch kann das Kindergeld abgezweigt werden (BFH Urteil Az. VIII R 50/01 vom 16.04.2002).

Diese Voraussetzungen müssen dauerhaft erfüllt sein. Wird der Unterhalt hingegen nur einmalig oder vorübergehend nicht erbracht, so rechtfertigt dieser Umstand keinen Abzweigungsantrag (vgl. www.kindergeld.org). Der Antrag wird vom (volljährigen) Kind selbst gestellt. Die Voraussetzungen müssen im Einzelnen dargelegt werden. Der Antrag wird an die Familienkasse gerichtet (vgl. https://www.arbeitsagentur.de/datei/antraganteiliges kindergeld_ba013104.pdf).

7.4 Kindergeld während einer Maßnahme der stationären Jugendhilfe

Leistet das Jugendamt stationäre Erziehungshilfe und kommt es deshalb zur Kostenheranziehung der Eltern, wird stets mindestens das Kindergeld vom Jugendamt erhoben (§ 94 Abs. 3 Satz 1 SGB VIII).

7.5 Kinderzuschlag (§ 6a BKGG)

Den Kinderzuschlag können Eltern bekommen, wenn sie für sich selbst genug Einkommen verdienen, dies aber nicht oder nur knapp für ihre gesamte Familie reicht. Wenn die Wohnkosten besonders hoch sind oder mehrere Kinder im Haushalt wohnen, kann auch bei mittleren Einkommen ein reduzierter Kinderzuschlag bezogen werden. Der Kinderzuschlag kann **zusätzlich zum Kindergeld und gegebenenfalls zum Wohngeld** beantragt werden. Der Anspruch kann selbst geprüft (https://www.arbeitsagentur.de/news/ab-januar-2024-kinderzuschlag-steigt) und auch der Antrag online gestellt werden (https://web.arbeitsagentur.de/kiz/ui/start).

Der Kinderzuschlag wird für jedes Kind **einzeln** berechnet. Er beträgt **monatlich höchstens 292 Euro pro Kind** (Stand 20.01.2024). Das Einkommen und Vermögen der Eltern und des Kindes werden auf den Kinderzuschlag teilweise angerechnet und reduzieren die Höhe des Kinderzuschlags. Der Kinderzuschlag wird für sechs Monate bewilligt. Ändern sich in diesen sechs Monaten das Einkommen oder die Wohnkosten, hat dies keinen Einfluss auf den Kinderzuschlag.

8. Halbwaisenrente/Waisenrente

Als Halbwaisenrente werden die Bezüge eines Kindes bezeichnet, die gezahlt werden, wenn ein unterhaltspflichtiger Elternteil verstorben ist. Waisenrente bekommt der- bzw. diejenige, der*die keine Eltern mehr hat. Die Halbwaisenrente umfasst einen geringeren Anteil als die Waisenrente (Vollwaisenrente), die man dann bekommt, wenn beide Elternteile verstorben sind. Je nachdem ob das verstorbene Elternteil im Zuge eines Arbeitsunfalls oder eines vergleichbaren der Geltung der gesetzlichen Unfallversicherung unterfallenden Ereignisses gestorben ist, richten sich die Ansprüche nach Rentenrecht (§ 48 SGB VI) oder unterfallen dem § 68 SGB VII. Im ersteren Fall ist der Rententräger, im zweiten Fall die Unfallkasse zuständig. Da die Voraussetzungen weitgehend gleich sind, werden Ansprüche gemeinsam dargestellt.

8.1 Voraussetzungen für den Bezug von Halbwaisenrente

Anspruch auf die Halbwaisenrente haben sowohl leibliche Kinder als auch Adoptivkinder. Hinzu kommen die Stief- und Pflegekinder, die zur Haushaltsgemeinschaft des*der Verstorbenen zum Zeitpunkt des Todes zählten und für deren überwiegenden Unterhalt der*die Verstorbene aufgekommen ist. Im Einzelfall können auch dauerhaft im Haushalt des*der Verstorbenen lebende Enkel*innen zum Kreis der Bezugsberechtigten zählen.

Eine Halbwaisenrente kann nur dann gezahlt werden, wenn der*die Verstorbene respektive Versicherte die allgemeine Anwartschaftszeit von fünf Jahren erfüllt hat.[36]

8.2 Zeitraum des Bezuges von Halbwaisenrente

Der grundlegende Zeitraum des Bezuges der Halbwaisenrente reicht bis zum 18. Geburtstag des Kindes. Wenn nachgewiesen werden kann, dass sich das Kind zu diesem Zeitpunkt noch in der Ausbildung befindet, kann ein Antrag auf Weiterzahlung gestellt werden. Dabei ist es egal, ob es sich

---

36 Siehe auch https://www.juraforum.de/lexikon/waisenrente abgerufen am 09.01.2024

um eine schulische oder berufliche Ausbildung handelt. Aber auch hier gilt: Wenn der junge Mensch mehr als 20 Wochenstunden nebenbei arbeitet, verliert er*sie seinen*ihren Anspruch auf Rente. Die Halbwaisenrente wird auch für die Dauer eines freiwilligen ökologischen oder freiwilligen sozialen Jahres weitergezahlt. Die Weiterzahlung der Halbwaisenrente wird auch dann gewährt, wenn das Kind außerstande ist, sich auf Grund einer Behinderung selbst unterhalten zu können. Der längst mögliche Zeitraum für den Bezug von Halbwaisenrente endet mit der Vollendung des 27. Lebensjahres.

8.3 Höhe – Berechnung der Halbwaisenrente

Bei der Höhe der Halbwaisenrente ist zu berücksichtigen, ob die Rente aus der gesetzlichen Rentenversicherung oder der gesetzlichen Unfallversicherung (§ 68 SGB XII) gezahlt wird. Dabei ergeben sich folgende Anteile:

(1) Rentenversicherung:

Im Falle der Halbwaisenrente bekommt die Halbwaise 10 Prozent des zum Todeszeitpunkt erarbeiteten Rentenanspruchs des*der Verstorbenen zuzüglich eines individuell berechneten Zuschlags, die Vollwaise bekommt doppelt so viel, also 20 Prozent.

(2) Unfallkasse:

Die Halbwaise erhält 20 Prozent des Jahreseinkommens des*der Verstorbenen (1/12 monatlich), die Vollwaise 30 Prozent des Jahreseinkommens des*der Verstorbenen (1/12 monatlich).

Dabei darf die Summe aller Hinterbliebenenrenten 80 Prozent des Jahresverdienstes des*der Versicherten nicht übersteigen.

8.4 Anrechnung der Halbwaisenrente auf andere soziale Leistungen

Es gibt verschiedene soziale Einkommensersatzleistungen und Unterstützungen, auf die die Halbwaisenrente ganz oder teilweise angerechnet werden kann, da sie rein rechtlich als vollwertiges Einkommen behandelt wird. Das betrifft vor allem:

- BAföG
- SGB-II-Leistungen (Bürger(*innen)geld)

- Sozialhilfe
- Wohngeld
- Hilfe zum Lebensunterhalt im Rahmen stationärer Erziehungshilfen.

Im Rahmen der stationären Jugendhilfe kann das Jugendamt die (Halb-) Waisenrente beanspruchen, wenn der junge Mensch zu den Kosten herangezogen wird und zwar unabhängig von sonstigem Einkommen.

Zusammenfassend könnte gesagt werden, dass die (Halb-)Waisenrente in voller Höhe überall dort angerechnet wird, wo soziale Leistungen zur Sicherung des Lebensunterhaltes und der Sicherung des Obdachs gezahlt werden.

III. Weitere rechtliche Themen im Leaving Care-Prozess: Wohnen und Krankenversicherung

Mit dem Verlassen einer Pflegefamilie, einer betreuten Wohngemeinschaft oder anderen betreuten Wohnformen werden junge Menschen mit zahlreichen Fragen konfrontiert, die das Erwachsenenleben mit sich bringen. Sie stehen i. d. R. vor vielen Fragen rund um die Anmietung einer Wohnung, sie müssen sich um eine eigene Krankenversicherung kümmern oder auch Steuern zahlen. Die hiermit zusammenhängenden Fragen sollen im Folgenden kurz erläutert werden.

1. Wohnen

Jeder Mensch braucht ein Dach über dem Kopf. In der Regel können junge Menschen auf Wohnraum nicht ohne Weiteres zurückgreifen. Die meisten jungen Menschen möchten eine Wohnung anmieten. Falls das nicht in Betracht kommt, können sie auch versuchen, bei Menschen zur Untermiete unterzukommen, die bereits eine Wohnung gemietet haben oder in eine Wohngemeinschaft einziehen und zusammen mit anderen wohnen. Die Rechtsbeziehungen zwischen Vermieter*in und Mieter*in richten sich ebenso wie die zwischen Hauptmieter*in und Untermieter*in nach dem Mietrecht; dies ist in den §§ 535 ff. BGB geregelt. Darüber hinaus gelten auch noch weitere Vorschriften. Die Finanzierung einer Wohnung müssen die jungen Menschen grundsätzlich selbst regeln. Wie bereits aufgezeigt, gibt es aber auch Möglichkeiten, dass der Staat die jungen Menschen hierbei unterstützt. Dies sollte aber möglichst vor Beginn des Mietverhältnisses abgeklärt werden. Denn wenn der*die Mieter*in die Miete nicht zahlt, kann der*die Vermieter*in die Wohnung kündigen und der*die Mieter*in muss diese dann kurzfristig verlassen.

1.1 Der Beginn des Mietverhältnisses

Bevor die Wohnung bezogen wird, schließt der junge Mensch mit dem*der Vermieter*in (das ist in der Regel der*die Eigentümer*in der Wohnung) einen Mietvertrag. In diesem Vertrag ist bestimmt, welche Wohnung von dem*der Mieter*in genutzt werden kann, welche Größe sie hat und vor allem wie teuer sie ist. Geregelt ist hier auch, ob und wenn ja in welcher Höhe der*die Mieter*in Nebenkostenvorauszahlungen zu leisten hat. Im Allgemeinen wird dem*der Mieter*in bei Vertragsschluss ein mehrseitiges Formular vorgelegt. Der*Die Mieter*in bekommt dann Gelegenheit, dies durchzulesen. Dann wird er*sie gebeten, zu unterschreiben. Da der Vertragsschluss weitreichende Konsequenzen für den*die Mieter*in hat, sollte der Vertrag vor dem Unterschreiben sehr genau gelesen werden.

Aber: Der*Die Vermieter*in kann dem*der Mieter*in nicht alle Pflichten auferlegen und ihn*sie übermäßig benachteiligen. Zum Schutz sind zahlreiche Regeln nicht zulasten der Mieter*innen abänderbar. So ist der*die Vermieter*in von Wohnraum grundsätzlich verpflichtet, diesen instand zu halten. Es gibt nur in geringem Umfang (Schönheitsreparaturen und Kleinreparaturen) die Möglichkeit, diese Verpflichtungen auf den*die Mieter*in zu übertragen.

Hierauf sollten die Mieter*innen achten

Am besten lässt man den Vertrag vor Unterzeichnung durch Fachleute prüfen. Hier empfiehlt es sich, in den örtlichen Mieterverein einzutreten, der im Konfliktfall auch den Schriftverkehr mit dem*der Vermieter*in übernehmen und im Prozess Rechtsschutz gewähren kann.[37]

1.2 Miethöhe

Der*Die Mieter*in muss sich die Wohnung leisten können. Wenn die Wohnung vom Jobcenter gezahlt werden soll, muss er*sie vorab klären, ob die Miete im Sinne des SGB II angemessen ist und das Jobcenter die anfallenden Mietkosten auch wirklich trägt.

---

[37] https://www.mieterbund.de/beratung/mieterverein-vor-ort.html; neben den Mietervereinen, die unter dem Dach des Deutschen Mieterbundes organisiert sind, gibt es auch weitere Mieterorganisation, u.a. Mieter helfen Mietern in Hamburg, Frankfurt und Nürnberg.

Hinsichtlich der Miethöhe gibt es gerade in größeren Städten die sog. Mietenbremse. Gilt die Mietenbremse in der konkreten Region, darf der*die Vermieter*in die sog. ortsübliche Vergleichsmiete nicht um mehr als 10 Prozent überschreiten.[38] Der*Die Mieter*in kann eine Überschreitung rügen und von dem*der Vermieter*in die Senkung der Miete verlangen. Besteht seitens des*der Mieter*in ein entsprechender Verdacht, sollte er*sie sich diesbezüglich beraten lassen. Auf eigene Faust sollte man sich nicht daran wagen und insbesondere die Miete nie ohne fachkundige Beratung kürzen.

1.3 Vertragslaufzeit

In der Regel sind die Mietverträge unbefristet abgeschlossen, sie sind auf unbestimmte Zeit geschlossen. Damit können sie von beiden Seiten innerhalb der gesetzlich festgesetzten Fristen gekündigt werden. Diese betragen für den*die Mieter*in immer drei Monate. Für den*die Vermieter*in betragen die Fristen je nach Dauer des Mietverhältnisses drei, sechs oder neun Monate. Der*Die Vermieter*in kann aber nur kündigen, wenn er*sie hierfür einen Grund (Vertragsverstoß, Eigenbedarf oder Ähnliches) hat. Oft wird in den Verträgen das Kündigungsrecht für beide Seiten für einen bestimmten Zeitraum ausgeschlossen. Dies ist gerade für eine Dauer von bis zu vier Jahren möglich. Wenn der*die Mieter*in so einen Vertrag unterschreibt, kommt er*sie in der Regel nicht vorzeitig aus dem Vertrag heraus. In engen Grenzen ist der Abschluss eines Zeitmietvertrages zulässig. Hierfür muss der*die Vermieter*in jedoch ein berechtigtes Interesse haben und dies auch in den Vertrag mit aufnehmen.[39] Andernfalls ist der Vertrag auf unbestimmte Zeit geschlossen und kann, wie gerade beschrieben, gekündigt werden.

Abweichende Regelungen können zulasten der Mieter*innen nicht getroffen werden, es sei denn, es handelt sich um ein Student*innen- oder Jugendwohnheim, betreutes Wohnen oder Ähnliches. Der Kündigungsschutz gilt im Übrigen auch im Verhältnis zwischen Untermieter*in und Mieter*in.

---

[38] Die Regionen, in denen die Mietpreisbremse gilt, werden von den Landesregierungen zeitlich befristet festgelegt. Eine aktuelle Aufstellung findet sich u.a. unter https://www.dgb.de/themen/++co++0d9a5f98-e8bf-11e8-aa5f-52540088cada; aufgerufen am 08.01.2024

[39] Gründe sind vor allem Eigenbedarf und umfassende Sanierung der Wohnung nach Ende der vereinbarten Mietzeit.

1.4 Nebenkosten

In der Regel tragen die Mieter*innen auch die Nebenkosten. Nebenkosten sind die Kosten, die beim Wohnen regelmäßig anfallen, wie die Gebühren für Müllabfuhr, Haus- und Straßenreinigung, Versicherungen, aber auch für Heizungen. Es wird meist ein entsprechender Vorschuss vereinbart. Dieser Vorschuss ist i. d. R. nicht immer kostendeckend. Bevor die Wohnung angemietet wird, sollte der*die Mieter*in sich darüber informieren, in welcher Höhe Nebenkosten anfallen. Dies kann er*sie über einen Betriebskostenspiegel herausbekommen, sofern es diesen für seine*ihre Gemeinde gibt. Man kann aber auch den*die Vermieter*in oder die Nachbar*innen fragen. Sinnvoll ist eine professionelle Beratung gerade im Hinblick auf die extrem gestiegenen Energiekosten, die nicht nur bei den Heizkosten zu hohen Kostensteigerungen führen können.

1.5 Sicherheitsleistung (Kaution)

Der*Die Vermieter*in lässt sich bei Vertragsschluss im Allgemeinen auch eine Sicherheitsleistung (Kaution) versprechen. Dies ist zulässig, die Höhe ist jedoch auf drei Nettokaltmieten begrenzt. Der*Die Mieter*in muss sicherstellen, dass er*sie die Kaution auch zahlen kann. Nach Auszug erhält er*sie die von ihm*ihr eingezahlte Kaution zurück.

1.6 Sondervereinbarungen

Will der*die Mieter*in die Wohnung zusammen mit einem*einer Untermieter*in nutzen oder ein Haustier halten, sollte eine entsprechende Erlaubnis direkt mit in den Vertrag aufgenommen werden. Der*Die Mieter*in kann sich dies auch außerhalb des Vertrages zusichern lassen. Wichtig ist nur, dass dies schriftlich passiert. Zwar ist auch eine mündliche Zusicherung möglich, diese lässt sich nur nicht ohne Weiteres beweisen. Gleiches gilt auch, wenn der*die Mieter*in Umbauten in der Wohnung vornehmen möchte.

1.7 Das laufende Mietverhältnis

Während des Mietverhältnisses haben Vermieter*in und Mieter*in Pflichten, die sie einhalten sollten. Gerade der*die Mieter*in sollte hierauf genauestens achten. Andernfalls riskiert er*sie den Verlust der Wohnung. Die Wohnung darf jedoch vertragsgemäß genutzt werden. Worauf sollten Mieter*innen achten:

- Pünktliche und vollständige Mietzahlung: Die Miete muss in der Regel bis zum dritten Werktag entrichtet sein. Das ist in der Regel nur dann der Fall, wenn die Miete auf dem Konto des*der Vermieters*in eingegangen ist.

- Untermiete: Der*Die Mieter*in darf ohne Erlaubnis die Wohnung nicht einem*einer Dritten überlassen oder Teile von ihr einem*einer Dritten (unter-)vermieten. Macht er*sie dies dennoch, kann der*die Vermieter*in ihn*sie auffordern, das Untermietverhältnis zu beenden und – falls das nicht passiert – kündigen. Andererseits haben Mieter*innen gegenüber ihren Vermieter*innen einen Anspruch auf eine Untermietgenehmigung, wenn er*sie hieran ein berechtigtes Interesse hat. Das ist zum Beispiel dann der Fall, wenn der*die Mieter*in die Wohnung aufgrund einer Mieterhöhung oder aufgrund der Verschlechterung seiner*ihrer Einkommenssituation nicht mehr alleine zahlen kann. Mieter*innen können ihre*n Ehegatt*in, aber auch ihre*n Lebensgefährt*in jederzeit in die Wohnung aufnehmen, müssen dies aber vorher dem*der Vermieter*in anzeigen.
- Umbauten und Einbauten: Mieter*innen dürfen nur mit Einwilligung des*der Vermieter*in die Wohnung umbauen. Es dürfen insbesondere keine Wände gesetzt oder anders in die Bausubstanz eingegriffen werden. Mieter*innen dürfen aber die Wohnung nach ihrem Geschmack einrichten und dekorieren. Auch der Einbau eines Hochbetts dürfte im Rahmen des erlaubten vertragsgemäßen Gebrauchs sein.
- Mängel: Treten Mängel in der Wohnung auf, dann müssen Mieter*innen den*die Vermieter*in hiervon umgehend in Kenntnis setzen und ihm*ihr die Gelegenheit geben, diese Mängel zu beseitigen. Auf die Mängelbeseitigung hat der*die Mieter*in einen Anspruch. Hat die Wohnung längerfristig einen Mangel, ist die Wohnung in ihrem Zustand gemindert und der*die Mieter*in kann die Miete angemessen kürzen. Aber dies sollte nur nach fachkundigem Rat geschehen. Haben Mieter*innen selbst einen Mangel verursacht, müssen sie den Mangel selbst unverzüglich beseitigen.
- Haustiere: Bis auf Kleintiere benötigt man im Allgemeinen für die Aufnahme von Tieren die Genehmigung des*der Vermieter*in (insbesondere für Hunde).
- Besichtigungsrecht des*der Vermieter*in: Der*Die Mieter*in hat ein Hausrecht. Der*Die Vermieter*in kann ohne Genehmigung der Mieter*innen die Wohnung nicht betreten, auch nicht mit einem nachgemachten Schlüssel. Der*Die Vermieter*in hat aber das Recht, die Wohnung zu besichtigen, wenn er*sie hieran ein Interesse hat (insbesondere zur Begutachtung von Mängeln, zur Vermessung bei bevorstehenden Modernisierungsarbeiten, aber auch dann, wenn die Wohnung verkauft werden soll).

1.8 Mieterhöhung

Der*Die Vermieter*in kann die Miete periodisch, d. h. in bestimmten regelmäßigen Abständen, erhöhen. Er*Sie kann – sofern es sich um preisfreien Wohnraum handelt – die Nettokaltmiete um 15 bzw. 20 Prozent erhöhen. Allerdings darf die neue Miete die ortsübliche Vergleichsmiete nicht überschreiten. Für Sozialbauwohnungen dürfen Vermieter*innen nur die Kostenmiete[40] verlangen.

Daneben kann der*die Vermieter*in im Falle einer Modernisierung die in diesem Zusammenhang anfallenden Baukosten zu 8 Prozent auf die Jahresmiete umlegen; je nach Miethöhe ist der Erhöhungsbetrag auf 2,00 bzw. 3,00 Euro in sechs Jahren begrenzt. Der*Die Vermieter*in kann mit seinen*ihren Mieter*innen aber auch eine Staffelmiete vereinbaren. Dann müssen die Mieter*innen die jeweils vereinbarte Miete zahlen. Es ist auch möglich, die Mietzinsentwicklung an die Inflationsrate zu koppeln.

1.9 Das Ende des Mietverhältnisses

In der Regel endet das Mietverhältnis nach Ablauf der Kündigungsfrist, bei einer fristlosen Kündigung mit Zugang bei Vertragspartner*innen. Möglich ist aber ein Ende mit Auslaufen der vereinbarten Vertragszeit oder durch einvernehmliche Aufhebung des Vertrages.

Nach Ende des Mietverhältnisses muss der*die Mieter*in die Wohnung räumen. Alle Einbauten müssen entfernt werden, die Wohnung muss grundgereinigt werden und eventuell sind Schönheitsreparaturen vorzunehmen, wenn dies wirksam vereinbart worden ist. Schönheitsreparaturen umfassen das Streichen von Wänden, Decken, ggf. Böden, Heizkörper und Versorgungsleitungen und ggf. das Lackieren von Fenstern und Türen. Tatsächlich muss dies aber nur gemacht werden, wenn die Arbeiten tatsächlich erforderlich sind und die Mieter*innen auch vertraglich zur Durchführung dieser Arbeiten verpflichtet sind. Der*Die Mieter*in muss seinem*ihrer Vermieter*in alle Schlüssel, die er*sie erhalten hat, zurückgeben.

---

[40] Hierbei handelt sich um eine gesetzlich festgelegte Miete, die von der Höhe der staatlich gewährten Förderung abhängig ist.

1.10 Wohnungsbeschaffung/Wohnungsberechtigungsschein (§-8-Schein)

Nicht immer einfach ist die Beschaffung von Wohnraum. Wenn der*die Mieter*in sich auf die Wohnungssuche macht, sollte er*sie sich unbedingt einen Wohnberechtigungsschein (WBS) beim zuständigen Wohnungsamt besorgen. Der Wohnberechtigungsschein, abgekürzt *WBS*, umgangssprachlich auch *§-8-Schein*, früher auch *§-5-Schein* oder *B-Schein* genannt, ist eine amtliche Bescheinigung in Deutschland, mit deren Hilfe ein*e Mieter*in nachweisen kann, dass er*sie berechtigt ist, eine mit öffentlichen Mitteln geförderte Wohnung (Sozialwohnung) zu beziehen. Er*Sie wird auf Grundlage von § 5 WoBindG in Verbindung mit § 27 Abs. 3 bis 5 WoFG ausgestellt.

Ein*e Antragsteller*in muss bestimmte Kriterien erfüllen, damit er*sie einen Wohnberechtigungsschein erhält. Zum Beispiel dürfen bestimmte Einkommensgrenzen nicht überschritten werden. Die Kriterien sind je nach Bundesland unterschiedlich. Einige Bundesländer passen die Höhe der Miete der aktuellen Einkommenssituation der Mieter*innen an. Eine gestaffelte *Ausgleichszahlung für Sozialwohnungen (Fehlbelegungsabgabe)* passt den Quadratmeterpreis dem Einkommen an, wenn das Einkommen des*der Mieter*in 20 bis 40 Prozent (je nach Bundesland unterschiedlich) über den Einkommensgrenzen liegt. Der*Die Mieter*in hat den Vorteil, dass er*sie bei einer Überschreitung dieser Grenzen nicht ausziehen muss.

Ansonsten sollte sich rechtzeitig um die Kostenübernahme von Kaution und/oder Miete beim Jobcenter/Grundsicherungsamt bemüht werden.

2. Krankenkasse

Um die Kosten eines Arzt- oder Zahnarztbesuchs tragen zu können, wird eine Krankenkasse oder Krankenversicherung benötigt. In der Regel hat man keine Wahl, ob man „in eine Krankenkasse geht“ oder nicht, denn es besteht eine weitgehende Krankenversicherungspflicht. Allerdings kann man wählen, in welche Krankenkasse man möchte. Diese unterscheiden sich z. T. nach ihren Versicherungsleistungen, welche ärztlichen Behandlungen und andere Heilbehandlungen sie übernehmen. Auch die Beitragssätze weichen voneinander ab. Wer einen besonderen Versorgungsbedarf hat, sollte hier genauer vergleichen, welche Krankenkasse am besten geeignet ist.

2.1 Versicherungspflicht

Die Versicherungspflicht ergibt sich aus § 5 SGB V. Versicherungspflichtig sind hiernach insbesondere Arbeiter*innen, Angestellte, aber auch Auszubildende. Versicherungspflichtig sind auch Personen, die studieren oder von Arbeitslosengeld (ALG I) oder Bürger(*innen)geld (SGB II) leben. Die Leistungen in den sogenannten gesetzlichen Krankenversicherungen sind weitgehend gesetzlich festgelegt. Sie umfassen neben ärztlichen und zahnärztlichen Leistungen auch eine finanzielle Absicherung für den Fall längerer Arbeitsunfähigkeit (Krankengeld) und natürlich auch die Übernahme von Krankenhauskosten. Gerade im Bereich von zusätzlichen Leistungen variieren die Krankenkassen untereinander. Es lohnt sich in jedem Falle, die verschiedenen Krankenkassen zu vergleichen.

Wer versicherungspflichtig ist, muss natürlich auch die Beiträge zu der gesetzlichen Versicherung entrichten. Regelmäßig werden diese von Dritten abgeführt, so behält z. B. der*die Arbeitgeber*in den Teil des Lohns ein, der auf die Krankenkassenbeiträge entfällt und leitet diesen direkt zusammen mit seinem*ihrem eigenen Anteil an die Krankenkasse, das Jobcenter zahlt die Beiträge für die Arbeitslosen. Wenn es eine derartige „Stelle“ jedoch nicht gibt, muss man sich selbst darum kümmern und für eine rechtzeitige Zahlung sorgen. Allein aus diesem Grunde ist es wichtig, sich nach Verlust von Arbeit und Ausbildung arbeitslos zu melden, um nicht Beitragsschulden anzuhäufen.[41]

[41] In der Regel besteht eine Sozialversicherungspflicht. Solange man versicherungspflichtig ist, müssen die entsprechenden Beiträge auch gezahlt werden. In den allermeisten Fällen geschieht dies über den*die Arbeitgeber*in oder eben das Jobcenter. Sollte dies ausnahmsweise nicht geschehen, muss man sich selbst darum kümmern.

Nicht alle Menschen sind versicherungspflichtig. Neben Menschen mit höheren Einkommen, Beamt*innen und Selbstständigen unterliegen auch Teile der Personengruppen, die Gegenstand dieser Abhandlung sind, nicht der Versicherungspflicht.

Neben den sogenannten gesetzlichen Versicherungen gibt es auch noch private Krankenversicherungen. Die dort von privaten Versicherungsunternehmen angebotenen Leistungen werden vertraglich mit dem*der Versicherungskund*in vereinbart. Private Versicherungen kommen aber nur unter bestimmten Bedingungen in Betracht.

2.2 Exkurs: Familienversicherung, § 10 SGB V

Junge Menschen sind in der Regel über ihre Eltern familienversichert. Die Familienversicherung, auch beitragsfreie (Familien-)Mitversicherung genannt, erfasst in Deutschland die beitragsfreie Mitversicherung von Familienangehörigen der in der gesetzlichen Krankenversicherung versicherten Pflichtmitglieder und freiwilligen Mitgliedern. Das sind neben den Ehegatt*innen die Lebenspartner*innen und die Kinder. Voraussetzung ist natürlich, dass der Elternteil in der gesetzlichen Krankenversicherung ist.[42] Die mitzuversichernden Familienmitglieder müssen angemeldet werden.

Kinder oder Ehegatt*innen sind nicht familienversichert, wenn sie selbst Mitglied einer gesetzlichen Krankenversicherung sind. Sie müssen sich insbesondere dann versichern, wenn sie selbst mehr als 505,00 Euro (oder als Minijob bis 538,00 Euro) monatlich verdienen. Dann fallen sie aus der Familienversicherung heraus. Die Familienversicherung greift unabhängig davon, ob das (leibliche) Kind bei dem versicherten Elternteil lebt oder nicht. Wenn allerdings die Eltern privatversichert sind, können die Kinder nicht familienversichert werden. Sie müssen ebenfalls privat versichert werden.

Kinder sind bis zur Volljährigkeit familienversichert. Wenn sie danach nicht bzw. nur geringfügig (bis 538 Euro) erwerbstätig sind, kann die Familienversicherung bis zum 23. Geburtstag fortgesetzt werden oder sogar bis zur Vollendung des 25. Lebensjahres, wenn sie sich in einer Schul- oder Berufs-

---

[42] Das Mitglied muss auch mehr verdienen als der*die privat versicherte Ehepartner*in (näher § 10 Abs. 3 SGB V).

ausbildung befinden. Wird die Schul- oder Berufsausbildung durch Erfüllung einer gesetzlichen Dienstpflicht (Wehrdienst, Zivildienst) unterbrochen oder verzögert, besteht die Familienversicherung um den entsprechenden Zeitraum dieses Dienstes über das 25. Lebensjahr hinaus. Dies gilt ab dem 01.07.2011 auch bei einer Unterbrechung oder Verzögerung durch den freiwilligen Wehrdienst, einem Freiwilligendienst, dem Jugendfreiwilligendienst oder einem vergleichbaren anerkannten Freiwilligendienst oder durch eine Tätigkeit als Entwicklungshelfer*in für die Dauer von höchstens 12 Monaten. Junge Menschen, die aufgrund einer Behinderung außerstande sind, sich selbst zu unterhalten, sind ohne Altersgrenze über die Eltern familienversichert, wenn die Behinderung schon vor Erreichen der entsprechenden Altersgrenze vorlag.

2.3 Stief-, Enkel- oder Pflegekinder in der Familienversicherung

Als Kinder gelten auch Stiefkinder und Enkelkinder, die von Mitgliedern der gesetzlichen Krankenkasse überwiegend unterhalten werden, sowie Pflegekinder im Sinne des § 56 Abs. 2 Nr. 2 SGB I (§ 10 Abs. 4 SGB V). Nach der Legaldefinition des § 56 Abs. 2 Nr. 2 SGB I sind Pflegekinder Personen, die mit dem*der Berechtigten durch ein auf längere Dauer angelegtes Pflegeverhältnis mit häuslicher Gemeinschaft wie Kinder mit ihren Eltern verbunden sind. Ein solches Pflegeverhältnis liegt vor, wenn die Aufsichts- und Erziehungsrechte von den Pflegeeltern tatsächlich wahrgenommen werden; andererseits ein Obhut- und Betreuungsverhältnis zu den leiblichen Eltern nicht (mehr) vorliegt. „Auf längere Dauer angelegt" ist das Pflegeverhältnis, wenn es für einen Zeitraum begründet wird, der für die körperliche und geistige Entwicklung des Pflegekindes erheblich ist. Von der erforderlichen Dauerbindung kann dann nicht ausgegangen werden, wenn das Pflegeverhältnis von vornherein so geplant ist, dass es nur einen kürzeren Zeitraum dauern oder jederzeit aufgrund neuer Umstände beendet werden soll (vgl. im Detail BSG 28.4.2004 - B 2 U 12 /03 R, juris Rn. 16).

2.4 Lebensphase/Status in der Krankenversicherung

Die Krankenkassen existieren von dem Geld ihrer Mitglieder. Grundsätzlich ist das Mitglied je nach Einnahmen verpflichtet, Krankenkassenbeiträge zu leisten. Die Regelungen hierzu sind jedoch recht unterschiedlich, je nachdem in welchem Lebensabschnitt man sich befindet:

a) Auszubildende/Angestellte

Mit dem Beginn einer Berufsausbildung ist man automatisch in der gesetzlichen Krankenversicherung pflichtversichert. Das bedeutet, dass man nicht mehr länger über die kostenlose Familienversicherung der Eltern versichert ist, sondern sich selbst krankenversichern muss. Außerdem besteht eine Versicherungspflicht in der gesetzlichen Rentenversicherung (RV) und der Pflegeversicherung (PV) sowie der Arbeitslosenversicherung (AV). Jede*r Berufsstarter*in benötigt daher eine eigene Krankenkasse. Dies gilt ebenso für junge Menschen, die arbeiten.

Die Höhe des Krankenkassenbeitrages richtet sich nach dem Beitragssatz der jeweiligen Krankenkasse und der Höhe der Ausbildungsvergütung/des Lohnes. Der Beitragssatz (d. h. der Anteil von dem Arbeits- oder Ausbildungseinkommen, der an die Krankenkasse gezahlt werden muss) beträgt derzeit zwischen 14,6 Prozent Stand 01.01.2024, ermäßigt 14 Prozent des Bruttolohns (zur Unterscheidung von Brutto- und Nettolohn vgl. Abschnitt III.2.5 Exkurs: Unterscheidung Brutto – Nettolohn). Mit Zusatzbeträgen kann die Belastung auf über 16 Prozent steigen. Hiervon tragen Arbeitgeber*in bzw. Ausbildungsstelle und Angestellte bzw. Auszubildende*r jeweils 50 Prozent. Der Krankenkassenbeitrag wird direkt von dem*der Arbeitgeber*in (ebenso wie die Beiträge zur Renten-, Pflege- und Arbeitslosenversicherung) an die Krankenkassen abgeführt. Der*die Arbeitgeber*in bzw. die Ausbildungsstelle zahlen im Übrigen auch direkt die Einkommenssteuer an das örtliche Finanzamt. Ausgezahlt wird dann nur die Nettovergütung. Bei einem geringen Ausbildungsentgelt[43] werden die Sozialabgaben allein von dem*der Ausbilder*in gezahlt. Steuern fallen dann auch nicht an.

Der*Die Arbeitgeber*in bzw. die Ausbildungsstelle sollten darüber informiert werden, bei welcher Krankenkasse man sich versichert hat oder gerne versichern würde. Wird keine Versicherung angegeben, meldet der*die Arbeitgeber*in den*die Auszubildende*n bei einer Krankenkasse an, in der Regel bei der Krankenkasse, in der der junge Mensch bis dahin versichert war. Denn: Der*Die Arbeitgeber*in (Ausbilder*in) muss die Anmeldung bei einer Krankenkasse zwingend vornehmen und die entsprechenden Beiträge auch fristgerecht abführen, ansonsten macht er*sie sich strafbar.

---

43 Aktuell bis 325,00 Euro brutto (Stand 01.01.2024)

Achtung: Wird die Ausbildungsvergütung ohne Lohnabrechnung oder in bar gezahlt, ist es dringend empfohlen, bei der Krankenkasse nachzuprüfen, ob man versichert ist und der*die Arbeitgeber*in die Beiträge auch tatsächlich dorthin abführt.

b) Studierende

Solange die Studierenden jünger sind als 25 Jahre, können sie über ihre Eltern familienversichert sein. Dies gilt ebenso ohne jede Altersgrenze, wenn sie über ihre*n Ehe- oder Lebenspartner*in nach dem Lebenspartnerschaftsgesetz familienversichert sind. Damit sie familienversichert sein können, dürfen sie aktuell nicht mehr als ein monatliches Einkommen von 505,00 Euro haben oder, wenn sie einen Minijob ausüben, nicht mehr als 538,00 Euro verdienen. Bei einem zweimonatigen Nebenjob in der vorlesungsfreien Zeit können Student*innen mehr hinzuverdienen und sind weiterhin familienversichert. Die Höhe ihres Verdienstes ist bei einer solchen kurzfristigen Beschäftigung grundsätzlich unerheblich.

Sonst müssen sie sich in der Krankenversicherung für Studierende selbst versichern. Das ist spätestens dann der Fall, wenn der junge Mensch 25 Jahre alt geworden ist. Dafür bieten die Krankenkassen günstige Student*innentarife an. Aktuell beträgt der Sockelbetrag 10,22 Prozent des BAföG Satzes, hinzu kommt noch ein Beitrag zur Pflegeversicherung. Die Vergünstigung endet mit Vollendung des 30. Lebensjahres.[44] Da sich der Krankenkassenbeitrag anhand des BAföG-Satzes für Student*innen errechnet, steigen die Beiträge bei einer Erhöhung der Förderung mit an – unabhängig davon, ob die Student*innen selbst diesen staatlich geförderten Studienkredit bekommen oder nicht (vgl. www.finanztip.de). Bei der Einschreibung muss ein Versicherungsnachweis vorgelegt werden. Student*innen, die nicht gesetzlich, sondern privat versichert sind, können sich von der Pflicht zur Versicherung befreien lassen. BAföG-Empfänger*innen erhalten zusätzliche Leistungen, wenn sie nicht familienversichert sind (siehe oben).

---

44 Weiterführend, auch mit den aktuellen Beiträgen, https://www.krankenkassen.de/gesetzliche-krankenkassen/krankenkasse-beitrag/studenten/, aufgerufen am 08.01.2024.

c) Schüler*innen

Solange die Schüler*innen jünger als 25 Jahre sind, können sie über ihre Eltern familienversichert sein. Außerdem können sie ohne jede Altersgrenze familienversichert sein, wenn sie über ihre Ehe- oder Lebenspartner*innen nach dem Lebenspartnerschaftsgesetz familienversichert sind. Damit sie familienversichert sein können, dürfen sie nicht mehr als ein monatliches Einkommen von 505,00 Euro (Stand: 01.01.2024) haben oder, wenn sie einen Minijob ausüben, nicht mehr als 538,00 Euro (Stand: 01.01.2024) verdienen. Bei einem zweimonatigen Nebenjob in der Ferienzeit können Schüler*innen mehr hinzuverdienen und bleiben weiterhin familienversichert. Die Höhe ihres Verdienstes ist bei einer solchen kurzfristigen Beschäftigung grundsätzlich unerheblich.

Sonst müssen sich Schüler*innen in der Krankenversicherung selbst versichern. Das ist spätestens dann der Fall, wenn der junge Mensch 25 Jahre alt geworden ist. Da es keine Versicherungspflicht für Schüler*innen gibt, können sie sich freiwillig versichern. Dafür bieten die Krankenkassen günstige Tarife an. BAföG-Empfänger*innen erhalten zusätzliche Leistungen, wenn sie nicht familienversichert sind (siehe oben).

d) Bezieher*innen von Leistungen nach dem SGB II

Auch Bezieher*innen von Leistungen nach dem SGB II sind grundsätzlich pflichtversichert. Sie sind in der Regel gesetzlich versichert. Die Beiträge hierfür werden vom Bund gem. § 251 SGB V getragen. Dies gilt allerdings erst einmal nur für die erwerbsfähigen Leistungsberechtigten. Für die Familienmitglieder, die zusammen mit einem*einer Empfänger*in von SGB-II-Leistungen leben und damit nicht pflichtversichert sind, greift in der Regel die Familienversicherung. Eine Pflichtversicherung und eine damit verbundene Aufnahme in der gesetzlichen Krankenversicherung kommt übrigens auch dann nicht in Betracht, wenn die SGB II Leistungen nur auf Darlehensbasis gewährt werden. Sie müssten sich ggf. freiwillig versichern.

2.5 Exkurs: Unterscheidung Brutto – Nettolohn

Grundsätzlich sollte man sich den Unterschied zwischen Brutto- und Nettolohn klar machen und im Zweifel nachfragen, ob das ausgewiesene Gehalt brutto (das ist die Regel!) oder netto gemeint ist. Denn nur das Nettoeinkommen bekommt man ausgezahlt. Der Bruttolohn ist der offizielle

Lohn. Von ihm gehen die Steuern und die Arbeitnehmer*innenbeiträge zu den Sozialversicherungen ab. Neben den 7 bis 8 Prozent gehen noch gut weitere 12 Prozent für Renten-, Pflege- und Arbeitslosenversicherung ab. Die Arbeitgeber*innenbeiträge werden zwar ebenfalls von dem*der Arbeitgeber*in abgeführt, werden aber nicht in den Bruttolohn mit eingerechnet.

Rechte für Care Leaver*innen – Was fehlt immer noch?

Ein Kommentar

Josef Koch / Tabea Möller / Wolfgang Schröer / Severine Thomas

Wenn sich junge Menschen mit oder ohne einen stationären Jugendhilfe-hintergrund oder auch Fachkräfte bzw. andere Personen, die junge Menschen in besonderen Bedarfslagen begleiten, durch das Sozialleistungssystem arbeiten, stellt sich dieses als sehr komplex und wenig verständlich dar. Auch ist häufig nicht eindeutig, welche Sozialleistungen in Anspruch genommen werden können und wie diese zu anderen in Beziehung stehen. Das bedeutet, dass sich junge Menschen mit wenig oder keiner elterlichen Unterstützung im Übergang ins Erwachsenenleben mit Fragen zu ihrer eigenen Existenzsicherung und der Sicherstellung von persönlicher Unterstützung (Begleitung, Betreuung, Beratung ...) befassen müssen – Ressourcen, die für alle jungen Menschen und somit auch für Care Leaver*innen selbstverständlich sein sollten.

Dennoch bedarf es für die Absicherung von Ressourcen im Leaving Care Prozess umfangreicher Kenntnisse, um die Sicherung der Lebensgrundlage inklusive einer eigenen Wohnung, die Verwirklichung von Chancen auf dem Ausbildungs- und Arbeitsmarkt, aber auch die Teilhabe am sozialen Leben in Deutschland für junge Menschen zu gewährleisten.

Dieser Band ist kein Garant für die Verwirklichung der Rechte junger Menschen. Unserer Ansicht nach ist er aber dafür eine entscheidende Voraussetzung, dass Fachkräfte und auch junge Menschen selbst über die Rechte auf finanzielle Unterstützung sowie auf Betreuungs- und Beratungsangebote Bescheid wissen.
Ohne juristische Vorkenntnisse und die Unterstützung durch Fachkräfte in sozialen Diensten ist dieser Teil des Weges im Übergang aus der Wohngruppe oder aus der Pflegefamilie in ein eigenverantwortliches Leben allerdings kaum zu schaffen. Es ist eine gemeinschaftliche, kommunale und rechtskreisübergreifende Aufgabe, junge Menschen in den vorhandenen Hilfestrukturen zu begleiten und die ihnen zur Verfügung stehenden Angebote und Leistungen – auch Rechtsansprüche – bestmöglich auszuschöpfen.

In der Diskussion um „Leaving Care" ist in den letzten Jahren vielfach angemerkt worden, dass das Kinder- und Jugendstärkungsgesetz 2021 wesentliche rechtliche Verbesserungen mit sich gebracht habe und nicht zuletzt die Abschaffung der Kostenheranziehung im Jahr 2022 ein wichtiger sozialpolitischer Schritt sei. Gleichzeitig bleiben Ambivalenzen bestehen:

Auch mit der Verabschiedung des Kinder- und Jugendstärkungsgesetzes sind die wechselseitigen rechtlichen Beziehungen in unterschiedlichen Sozialgesetzen, die Nachweispflichten von Care Leaver*innen für ihre besondere Situation sowie Abhängigkeiten von elterlichen Leistungen und Nachweisen nicht einfacher geworden. Gleichzeitig sind aber die Pflichten der Kinder- und Jugendhilfe für die Gestaltung des Leaving Care verbindlicher geregelt worden. Somit sind die in diesem Heft zusammengefassten Regelungen gewissermaßen eine Pflichtlektüre für alle, die mit Care Leaver*innen oder anderen jungen Menschen im Übergang ins Erwachsenenalter arbeiten.

Insbesondere mit Blick auf die Situation von Care Leaver*innen gilt es, die bestehenden rechtlichen Grundlagen im Kinder- und Jugendhilfegesetz zur Unterstützung von Jugendlichen und jungen Erwachsenen, die in stationären Erziehungshilfen leben, noch konsequenter „pro junge Menschen“ auszulegen. Dabei ist es zentral, die Bedarfslagen und die individuellen Interessen der jungen Menschen umfassend zu würdigen. Vor dem Hintergrund einer länger andauernden Entwicklungsphase im Jugend- und jungen Erwachsenenalter, wie sie durch die Jugendforschung beschrieben wird, ist es geboten, das Jugendhilferecht nicht nur für Minderjährige unter dem Siegel des Kindeswohls anzuwenden, sondern auch für ältere Jugendliche und junge Erwachsene als Träger von Rechten für eine gesicherte und menschenwürdige Existenz anzuwenden. Dass dies zurzeit nicht immer gewährleistet wird, zeigen insbesondere die erschreckenden Zahlen von jungen Wohnungslosen, die zu dem Personenkreis der Care Leaver*innen zählen. Die Möglichkeiten zur Entfaltung der Persönlichkeit von Care Leaver*innen setzt somit auch voraus, dass das Kinder- und Jugendhilfegesetz zur Stärkung der individuellen Rechte von jungen Menschen auf Unterstützung im Übergang zukünftig konsequent angewendet wird und darüber hinaus Rechtsansprüche für junge Menschen weiter verbessert werden.

Kinder- und Jugendgrundsicherung nutzen, um Rechtsstatus „Leaving Care“ zu etablieren

Die Diskussion um die Kinder- und Jugendgrundsicherung sollte hierfür der Ausgangspunkt sein, um einen Impuls für die Schaffung eines Rechtsstatus „Leaving Care“ zu geben. Die bisherigen Vorschläge sind familienpolitisch orientiert und berücksichtigen die besondere Lage von Care Leaver*innen darum nur bedingt. Schließlich werden familiäre Konflikte, die zu einer stationären Unterbringung geführt haben, mit der familienbezogenen Existenzsicherungslogik im Übergang aus stationären Hilfen erneut verschärft. Dies trifft alle sozialen Leistungen, die elternabhängig gewährt werden, aber auch Unterhalt. Eine Entwicklung in ein selbstständiges Leben und eine soziale Teilhabe sind für Care Leaver*innen in diesen rechtlichen Konstrukten kaum möglich. Auch in der Kinder- und Jugendgrundsicherung sollte es daher nicht nur darum gehen, wie monetäre Sozialleistungen familienpolitisch neu strukturiert werden, sondern ebenfalls wie ein diskriminierungsfreier Status von jungen Menschen jenseits von Armutslagen mitgestaltet werden kann.

Gerade Kinder und Jugendliche, die in ihrer Kindheit und Jugend eine der wohl intensivsten Interventionen des Sozialstaats in ihr Alltagsleben – die stationäre Hilfe zur Erziehung – erlebt haben, welche mit Diskriminierungsfolgen nach Ende der Hilfe verbunden ist, sollten durch eine Kinder- und Jugendgrundsicherung so nachhaltig abgesichert werden, dass sie einen diskriminierungsfreien sozialen Status erreichen können sowie nicht wiederum erneut von sozialen Benachteiligungen betroffen sind, die sich als Folge der Erziehungshilfe ergeben.

Die Leistungen sind im jungen Erwachsenenalter – selbst während der beruflichen Bildung – in Deutschland im Sozialsystem hochgradig an den familialen Hintergrund geknüpft und setzen viele familiale monetäre und soziale Unterstützungsleistungen voraus. Zudem sind auch andere Übergänge ins Erwachsenenalter (z. B. in eigenständiges Wohnen) ebenfalls von vielen Familienleistungen abhängig. Für junge Menschen, die in stationären Erziehungshilfen aufwachsen, bedeutet dies, dass sie in Abhängigkeiten zurückkehren sollen, aus denen sie sich bestenfalls mit der Kinder- und Jugendhilfe herausbewegt haben. Die Ziele der Eigenständigkeit mit dem Leaving Care werden damit konterkariert. Darum erscheint es notwendig, über diese Perspektiven hinaus einen Rechtsstatus „Leaving Care" zu formulieren, der den jungen Menschen diskriminierungsfreie Zugänge im institutionellen Gefüge des jungen Erwachsenenalters, im Bildungsbereich, im für sie beginnenden Arbeits- und Erwerbsleben ermöglicht sowie steuer- und sozialversicherungsrechtlich eine Position erlaubt, die ihnen eine elternunabhängige soziale Sicherung im jungen Erwachsenenalter schafft, ohne dies immer wieder nachweisen zu müssen.

Beispiel 1 (www.krankenkasseninfo.de, aufgerufen am 01.12.2023)
Bruttolohn 600,00 Euro (Alter < 23 Jahre, Lohnsteuerklasse I, ohne Kind)

Abzüge	Euro
Lohnsteuer	0,00 Euro
Arbeitnehmer-Beitrag KV*	49,20 Euro
Arbeitnehmer-Beitrag PV	7,05 Euro
Arbeitnehmer-Beitrag RV	56,10 Euro
Arbeitnehmer-Beitrag AV	9,00 Euro
Abzüge gesamt	121,35 Euro
Nettolohn	478,65 Euro

*(7,3 % + 0,9 % Zusatzbeitrag)

Beispiel 2
Bruttolohn 400,00 Euro (Alter < 23 Jahre, Lohnsteuerklasse I, ohne Kind)

Abzüge	Euro
Lohnsteuer	0,00 Euro
Arbeitnehmer-Beitrag KV*	0,00 Euro
Arbeitnehmer-Beitrag PV	0,00 Euro
Arbeitnehmer-Beitrag RV	0,00 Euro
Arbeitnehmer-Beitrag AV	0,00 Euro
Abzüge gesamt	0,00 Euro
Nettolohn	400,00 Euro

In diesem Fall führt der*die Arbeitgeber*in selbst eine Pauschale für die Sozialversicherungsbeiträge ab.

Abkürzungsverzeichnis

a. a. O.	am angegebenen Ort
Abs.	Absatz
ALG I	Arbeitslosengeld I
ALG II	Arbeitslosengeld II
ASD	Allgemeiner Sozialer Dienst
AsylbLG	Asylbewerberleistungsgesetz
AufenthG	Aufenthaltsgesetz
AV	Arbeitslosenversicherung
AV Jugendhilfeunterhalt (Berlin)	Ausführungsvorschrift Jugendhilfeunterhalt (Berlin)
Az.	Aktenzeichen
BAB	Berufsausbildungsbeihilfe
BAföG	Bundesausbildungsförderungsgesetz
BayVGH	Bayerischer Verwaltungsgerichtshof
BeckOK SozR	Beck'scher Online-Kommentar Sozialrecht
BFH	Bundesfinanzhof
BGB	Bürgerliches Gesetzbuch
BKGG	Bundeskindergeldgesetz
BRKG	Bundesreisekostengesetz
BSG	Bundessozialgericht
bspw.	beispielsweise
BT Drs.	Bundestag-Drucksache
BuT	Bildlungs- und Teilhabepaket

BvB	Berufsvorbereitende Bildungsmaßnahme
BVerwG	Bundesverwaltungsgericht
bzw.	beziehungsweise
ca.	circa
d. h.	das heißt
DIJuF	Deutsches Institut für Jugendhilfe und Familienrecht
EStG	Einkommensteuergesetz
etc.	et cetera
f.	folgende
FEVS	Fürsorgerechtliche Entscheidungen der Verwaltungs- und Sozialgerichte; Zeitschrift
ff.	fortfolgende
FK	Frankfurter Kommentar
gem.	gemäß
ggf.	gegebenenfalls
h. M.	herrschende Meinung
HärteV	Verordnung über Zusatzleistungen in Härtefällen nach dem BAFöG
i. d. R.	in der Regel
IGfH	Internationale Gesellschaft für erzieherische Hilfen
inkl.	inklusive
ISE	Intensive Sozialpädagogische Einzelbetreuung
i. V. m.	in Verbindung mit

JAmt	Das Jugendamt – Zeitschrift für Jugendhilfe und Familienrecht; Zeitschrift
JGG	Jugendgerichtsgesetz
KdUH	Kosten der Unterkunft und Heizung
KJSG	Kinder- und Jugendstärkungsgesetz
KostenbeitragsV	Kostenbeitragsverordnung
KSÜ	Haager Übereinkommen über den Schutz von Kindern
KV	Krankenversicherung
LPK	Lehr- und Praxiskommentar
MJ	Minderjährige
m. w. N.	mit weiteren Nachweisen
NDV-RD	Nachrichtendienst des Deutschen Vereins-Rechtsprechungsdienst; Zeitschrift
NJW	Neue Juristische Wochenschrift; Zeitschrift
Nr.	Nummer
NZS	Neue Zeitschrift für Sozialrecht; Zeitschrift
o. Ä.	oder Ähnliches
PSB	Personensorgeberechtigte
PV	Pflegeversicherung
Rn., Rz.	Randnummer, Randziffer
RV	Rentenversicherung
SGB	Sozialgesetzbuch
SGG	Sozialgerichtsgesetz

S.	Seite
s. o.	siehe oben
s. u.	siehe unten
sog.	sogenannte
u. a.	unter anderem
UN-KRK	UN-Kinderrechtskonvention
VG	Verwaltungsgericht
vgl.	vergleiche
VO	Verordnung
VV	Verwaltungsvorschrift
VwGO	Verwaltungsgerichtsordnung
WG	Wohngemeinschaft
WoBindG	Wohnungsbindungsgesetz
WoFG	Wohnraumförderungsgesetz
WoGG	Wohngeldgesetz
z. B.	zum Beispiel
ZfJ	Zentralblatt für Jugendrecht; Zeitschrift
zit.	zitiert

Literatur

Bennewitz, H./Eschelbach, D. (2014): Jugendberufshilfe an der Schnittstelle SGB II/III –SGB VIII. In: Das Jugendamt. Zeitschrift für Jugendhilfe und Familienrecht. 87. Jg., Heft 2, S. 62-68.

BFH Urteil Az. VIII R 50/01 vom 16.04.2002

BSG SozR (2004): Bundessozialgericht Urteil vom 28.4.2004 – B 2 U 12/03 R, Rz. 16. Sozialrecht. 4-2700 § 70 Nr. 1

BSG, NZS (2008): Bundessozialgericht Urteil vom 26.06.2007 – B 1 KR 34/06 R. In: NZS Zeitschrift für Sozialrecht. Heft 8, S. 436-440.

BT Drs. 11/5948 – Deutscher Bundestag 11. Wahlperiode (1989): Gesetzentwurf der Bundesregierung. Entwurf eines Gesetzes zur Neuordnung des Kinder- und Jugendhilferechts.
(Kinder- und Jugendhilfegesetz — KJHG).

BT Drs. (1989): Bundestagsdrucksache 11/5948: Entwurf eines Gesetzes zur Neuordnung des Kinder- und Jugendhilferechts (Kinder- und Jugendhilfegesetz — KJHG). S. 43f. Bonn.

Bundesnetzwerk Ombudschaft (2020):
https://ombudschaft-jugendhilfe.de/wp-content/uploads/OMBKJ-Rechtsgrundlagen_2020-04_15_web.pdf.

BVerwG – Bundesverwaltungsgericht Urteil vom 23.09.1999 – 5 C 26/98. In: Neue Juristische Wochenschrift 2000. 53. Jg., Heft 36, S. 2688.

Deutsches Institut für Jugendhilfe und Familienrecht (DiJuF) (2018): Heranziehung Jugendlicher zu den Kosten stationärer Leistungen. In: Das Jugendamt. Zeitschrift für Jugendhilfe und Familienrecht. 91. Jg. Heft 7-8, S. 327–328.

DJI – Deutsches Jugendinstitut (2017): Mairhofer, A. (2017): Expertise. Angebote und Strukturen der Jugendberufshilfe. Eine Forschungsübersicht. München. Verfügbar unter: www.dji.de/fileadmin/user_upload/bibs2017/64_Jugendberufshilfe.pdf (06.06.2019).

Grube, C. (2023): § 13 Rz. 27. In: Hauck, K./Noftz, W.: Sozialgesetzbuch VIII: Kinder- und Jugendhilfe. Kommentar. Berlin.

Jabben, J. (2020): SGB IX § 14 Rz. 7. In: Neumann, D./Pahlen, R./Winkler, J./ Jabben, J./Greiner, S.: Sozialgesetzbuch IX. Rehabilitation und Teilhabe behinderter Menschen. Kommentar. München.

Joussen, J. (2019): § 14 Rz. 6. In: Dau, D. H./Düwell, F. J./Joussen, J. (Hrsg.): Sozialgesetzbuch IX. Rehabilitation und Teilhabe von Menschen mit Behinderungen. SGB IX. BTHG. SchwbVWO. BGG. Lehr- und Praxiskommentar. 5. Auflage. Baden-Baden.

Kepert, J./Dexheimer, A. (2022): § 13 Rn. 3. In: Kunkel P.-C./Kepert, J./Pattar A. K.: Sozialgesetzbuch VIII Kinder- und Jugendhilfe. Lehr- und Praxiskommentar. 8. Auflage. Baden-Baden.

Meysen, T. (2013): § 36a. In: Münder, J./Meysen, T./Trenczek, T.: Frankfurter Kommentar zum SGB VIII. 7. Auflage. Baden-Baden.

Rosenbauer, N./Schiller, U. (2016): Jugendberufshilfe nach § 13 SGB VIII - Jugendhilfe zwischen Schnittstellenproblemen, Verdrängung und sozialpädagogischem Profil. In: Katholische Jugendsozialarbeit Nordrhein-Westfalen (Hrsg.): Jugendsozialarbeit aktuell. Heft 146/2016. o. A. Verfügbar unter www.jugendsozialarbeit.info/jsa/lagkjsnrw/web.nsf/gfx/6FC7172D14666ABEC1257FF600350D3C/$file/jsaaktuell14616.pdf (06.06.2019).

Schön, M. (2022): § 13 Rz. 7. In: Wiesner, R./Wapler, F. (Hrsg): SGB VIII. Kinder- und Jugendhilfe. Kommentar. 6. Auflage. München.

Schruth, P. (2005): Zur Leistungskonkurrenz zwischen SGB II und § 13 SGB VIII. In: Zentralblatt für Jugendrecht. 92. Jg., Heft 6, S. 223-232.

Sievers, B./Thomas, S./Zeller, M. (2015): Jugendhilfe und dann? Frankfurt.

Stähr, A. (2015): § 35a SGB VIII. In: Hauck, K./Noftz, W.: SGB VIII. SGB digital – Fachwissen Sozialrecht. Verfügbar unter: www.haucknoftzsgb.de/

Statistisches Bundesamt (2022): Statistiken der Kinder- und Jugendhilfe. Erzieherische Hilfe, Eingliederungshilfe für seelisch behinderte junge Menschen, Hilfe für junge Volljährige. Wiesbaden.

Tammen, B. (2022): § 41 Rz. 14. In: Münder, J./Meysen, T./Trenczek, T. (Hrsg.): Frankfurter Kommentar zum SGB VIII. Kinder- und Jugendhilfe. 8. Auflage. Baden-Baden.

Münder, J./Meysen, T./Trenczek, T. (Hrsg.) (2022): Frankfurter Kommentar SGB VIII. 9. Auflage. Baden-Baden.

von Boetticher, A. (2018): §35a. In: Münder, J./Meysen, T./Trenczek, T. (Hrsg.): Frankfurter Kommentar zum SGB VIII. Kinder- und Jugendhilfe. 8. Auflage. Baden-Baden.

von Boetticher, A./Kuhn-Zuber, G. (2019): Rehabilitationsrecht. Baden-Baden.

Wabnitz, R. J. (2005): Rechtsansprüche gegenüber Trägern der öffentlichen Kinder- und Jugendhilfe nach dem Achten Buch Sozialgesetzbuch (SGB VIII). Berlin.

Weitzmann, G. (2022): § 13 Rz. 18. In: Münder, J./Meysen, T./Trenczek, T. (Hrsg.): Frankfurter Kommentar zum SGB VIII. Kinder- und Jugendhilfe. 9. Auflage. Baden-Baden.

Wiesner, R. (2014): Hilfe für junge Volljährige. Rechtliche Ausgangssituation. Expertise. Frankfurt a. M.

Wiesner, R./Wapler, F. (2022): SGB VIII. Kinder- und Jugendhilfe. Kommentar. 6. Auflage. München.

Bildnachweis

Seite 17: Bild von rawpixel.com auf Freepik
https://www.freepik.com/free-vector/people-holding-connected-copy-space-circle-icons_3585384.htm#query=sozialsystem%20paragraphen&position=13&from_view=search&track=ais%22%3EImage%20by%20rawpixel.com

Seite 33: Freepik.com
https://de.freepik.com/vektoren-kostenlos/leute-die-riesigen-checklisten-hintergrund-ueberpruefen_4058650.htm#query=Antrag%20auf%20Leistungen%20Verfahren%20Fristen%20Formular&position=27&from_view=search&track=ais

Seite 53: Freepik.com
https://de.freepik.com/vektoren-kostenlos/leute-die-riesigen-checklisten-hintergrund-ueberpruefen_4058676.htm#query=Antrag%20auf%20Leistungen%20Verfahren%20Fristen%20Formular%20Clipbord&position=38&from_view=search&track=ais

Seite 78: Bild von rawpixel.com auf Freepik
https://de.freepik.com/vektoren-kostenlos/charaktere-einer-grossfamilie-mit-gesundheitswesenillustration_3200337.htm#query=Lebensunterhalt%20sichern%20Sozialleistungen&position=49&from_view=search&track=ais

Seite 87: Bild von rawpixel.com auf Freepik
https://de.freepik.com/vektoren-kostenlos/leute-die-zackige-stuecke-eines-donutdiagramms-tragen_3226075.htm#from_view=detail_alsolike

Seite 91: Bild von studiogstock auf Freepik
https://de.freepik.com/vektoren-kostenlos/frauen-und-mannteamwork-mit-muenzen-und-blaettern_5685766.htm#query=Geldleistung%20Unterst%C3%BCtzung%20Unterhalt&position=17&from_view=search&track=ais

Seite 95: Vecteezy.com
https://de.vecteezy.com/vektorkunst/1879546-metaphern-der-last-der-bildung-kosten-studenten-tragen-schwere-bucher-auf-der-suche-nach-bildung-finanzierung-freien-schulstipendien-programm-vektor-illustration-grafik-design-karte-banner-broschure-flyer

Seite 100: Bild von pikisuperstar auf Freepik
https://de.freepik.com/vektoren-kostenlos/haus-umzug-konzept-mann-tragen-box_9926409.htm#query=Vollj%C3%A4hrig%20Umzug%20eigenes%20Leben%20Erwachsen&position=2&from_view=search&track=ais

Seite 107: Bild von vectorjuice auf Freepik
https://de.freepik.com/vektoren-kostenlos/abstrakte-konzeptillustration-der-gesundheitskarte_11668677.htm#query=Miete%20Krankenkasse&position=15&from_view=search&track=ais

Glühbirne: Freepik.com
https://de.freepik.com/vektoren-kostenlos/kreative-gute-idee-vektor_749607.htm#query=gluehbirne&position=26&from_view=search&track=sph“>Freepik

Zu den Autor*innen

Benjamin Raabe, *1964
ist Rechtsanwalt in eigener Kanzlei in Berlin. Er ist u. a. auf das Kinder- und Jugendhilferecht spezialisiert sowie im Vorstand der Jugendhilfeträger Aktion 70 und Jakus e.V. ehrenamtlich tätig. Für den Fachverband betreutes Jugendwohnen hat Benjamin Raabe eine Jugendrechtsberatungsstelle mit aufgebaut und sich sehr für das Ombudswesen in der Kinder- und Jugendhilfe engagiert. Im Jahr 2002 wurde der Berliner Rechtshilfefonds für Jugendhilfe (www.brj.de) von ihm mit ins Leben gerufen.

Kontakt:
www.jrr-berlin.de
Fon: 030.78 09 666-20
Mail: raabe@jrr-berlin.de

Dr. Severine Thomas, *1972
ist Diplom-Sozialpädagogin/Sozialarbeiterin und Sozialwirtin, wissenschaftliche Mitarbeiterin in Forschung und Lehre am Institut für Sozial- und Organisationspädagogik. Seit 2012 hat sie den Forschungsschwerpunkt „Care Leaver“ mit aufgebaut und zahlreiche Publikationen zu dem Thema veröffentlicht u. a. mit Britta Sievers die Broschüre „Durchblick“ (fünf Auflagen) (https://doi.org/10.18442/010). Sie arbeitet in unterschiedlichen nationalen, internationalen und lokalen Projekten (www.forschungsnetzwerk-erziehungshilfen.de) zu Übergängen junger Menschen aus stationären Erziehungshilfen ins Erwachsenenleben.

Kontakt:
www.uni-hildesheim.de/fb1/institute/institut-fuer-sozial-und-organisationspaedagogik
Fon: 05121.883-11728
Mail: severine.thomas@uni-hildesheim.de